黑暗鸸鹋

DARK EMU:

Aboriginal Australia
and the Birth
of Agriculture

DARK EMU:
Aboriginal Australia
and the Birth
of Agriculture

黑暗鸸鹋

澳大利亚
原住民
及农业的起源

[澳] 布鲁斯·帕斯科 著
徐 未 译

复旦大学出版社

　　造物主鸸鹋精灵拜亚米在创造地球后离开了地球,以一个黑影的形象住在银河系中。鸸鹋与澳大利亚广阔的草原有着不可分割的联系,那片土地曾经是由原住民们打理的。鸸鹋、人和粮食的命运紧密相连,因为对原住民来说,经济和精神是密不可分的。欧洲人凝视天上的星星,而原住民们同样也看到了星空,那里居住着鸸鹋精灵。

献给澳大利亚人

目　录

引　言　001

第 1 章　农业　012
第 2 章　水产养殖　064
第 3 章　人口与住房　092
第 4 章　储藏与保存　136
第 5 章　治火之道　151
第 6 章　天堂、语言和律法　165
第 7 章　澳大利亚农业的一次变革　193
第 8 章　接受历史，创造未来　200

致谢　211
图片出处　213
参考文献　216
注释　236
索引　246
译后记　275

引言

我所写过的那本名为《取信之地》（*Convincing Ground*）的书讲的是那些拓疆殖民的战役。该书2007年在澳大利亚出版之后，200多封信和邮件如潮水般向我涌来——大多数来自第四代农场主和原住民。农场主给我寄来他们祖父母关于拓殖战争的书信和文件，原住民给我寄来的新资料，说的也多与这些战役有关。

我从自己的研究中已经收集了一大堆信息，但遗憾的是，《取信之地》已然出版，我无法将获得的资料补充到这本书中。而且，在这些来信者的引导之下，我又发现了更多的信息。

于是我在这些材料中看到一直有一根主线：我们的学校教育不仅错误地描述了拓殖战争，而且澳大利亚原住民和托雷斯海峡岛民的经济和文化水平也遭到严重低估。

我知道，如果我要在另一本书中使用所有这些新材料，我就必须得从澳大利亚历史的源头入手：探险者和殖民者的日记。

这些日记揭示了一个比我们以往所知的原始狩猎采集生活模式更为复杂的原住民经济状况。采猎群落寻找和捕猎食物，他们不使用农业方法，也不建造永久性住所，因为他们是游牧民族。但当我阅读这些早期的日记时，我发现日记多次提及，人们建造水坝和水井；种植、灌溉和收获粮食；把剩余的粮食储存在房屋、棚屋或安全的容器内；建造精致的墓地并改造周遭的景观——这些都不符合采猎者的定义。人们认为澳大利亚原住民只是游猎于植物间和袋鼠间，全靠碰运气生存。这个公认的观点有没有可能是错误的呢？

重温第一批到达澳洲的欧洲人留下的话语，"见证"殖民地时期前的原住民经济，真是一件令人兴奋的事情。在《黑暗鸸鹋》中，我的目标是尽可能展现有关殖民地时期前原住民社会的另一种不同观点。回顾数千年来人们付诸食物生产的辛勤劳动和巧思妙想，我们有机会一睹原住民眼中的澳洲风采。

读过探险者日记的人有许多都看到了探险者们所经历的艰辛，并为他们所发现的青草丰茂的平原、富饶的河流以及可以建造大城镇的地方而着迷；但是，微微调整一下视角，我们透过同一扇窗户便看到了一个截然不同的世界。

第一批殖民者满脑子都是关于种族和天命的成见，是作为大英帝国的子民从孩提时代起就被灌输的各种传闻。他

们还是婴儿时就沉浸在这些故事中,长大一些后在《哈里克的男人们》("Men of Harlech")的军乐声中步入学校,《天佑吾王》("God Save the King")唱响时立正行礼,并费力研读关于霍雷肖·纳尔逊(Horatio Nelson)、基督教十字军(Christian Crusaders)、亚瑟王(King Arthur)、奥利弗·克伦威尔(Oliver Cromwell)的故事,当然也还有詹姆斯·库克(James Cook)船长的故事。

欧洲人深信,他们在科学、经济和宗教上的优越性决定了他们的命运。英国人尤甚,他们认为自己在工业上取得的种种成功使他们理所应当地拥有殖民野心,他们有责任把他们的文明和宗教传播给异教徒。作为回报,他们将夺取殖民地的财富。

当时,查尔斯·达尔文(Charles Darwin)的进化论还没有出现,但进化论的基本观点——人类从兽性逐渐进化到文明——已经主导了当时欧洲人的心理。第一批英国人驾船开往澳洲,思索着他们将会发现什么,而与生俱来的优越感则是他们观察新世界的棱镜。

达尔文的进化论提出之后,让那些相信自己有权利和义务占领这片"空"土地的人感到心安理得。人类学家托尼·巴尔塔(Tony Barta)如是说:

> 那种观点是有历史基础的:它认为文明的进步就是胜者为王的进程,在道德上是合理的,而且还可能是不可避免

的。当达尔文用他的天赋和影响力使得某些民族的消失变得"自然而然"并且符合历史发展时,他的理论……就可以作为一种意识形态的幌子,为那些违反自己人道主义和人文主义原则的政策提供掩护。达尔文对自然史和人类史的严重混淆,不可避免地会遭到其他人的利用,并导致致命的后果。[1]

在这类文化确定性的影响下,殖民者怎么可能不相信英国人正居于人类发展的最顶端呢?他们怎么可能不相信英国人有权得到这个世界,而且这种占有是由他们的上帝命定的呢?

要理解欧洲人对原住民的臆断是如何选择性地过滤掉了早期探险者带给他们的信息,就得先看一看我们今天所接受的这个国家的历史是如何形成的。琳达·图瓦希·史密斯(Linda Tuwahi Smith)对帝国主义进行了分析,发现它不仅仅通过经济和军事手段强占目标,而且还是一种意识形态的行为,公然信心满满地将"其他人"视为满足欧洲人意愿的工具。[2]

从探险者们的日记中可以清楚地看到,欧洲人到达澳洲后,很少有人对一种新的文明感到惊奇,因为他们是来取而代之的。大多数人只是简单地描述了定居者们可以从中获利的前景。很少有人对原住民的经济成就加以明确记述,因为他们知道那些都将被纳入自己的名下。

偏见和误解

下面这个故事很好地说明了这些臆断的强大影响力,也很有力地说明殖民者有必要证明自己在殖民地的存在是有合法理由的。

贝弗里奇(Beveridge)家族是在墨尔本周围的殖民平原上发家的,富甲一方,有一个地区甚至以他们的名字命名。当自己的财富得到巩固之后,他们决定派儿子彼得(Peter Beveridge)和他的朋友詹姆斯·柯比(James Kirby)去墨累河(Murray River),一个尚未被欧洲人占领的地方。

1843年,这两个年轻人把1 000头牛从墨尔本郊区赶到墨累河,他们在途中遇到了一群原住民,贝弗里奇在他的日记中写道:

> 他们手握粗壮的绿色树枝,"牙白牙白"(yabber yabber)地大叫,然后开始在头上挥舞着树枝,嘴里喊着"卡-阿-通加,卡-阿-通加"(Cum-a-thunga, Cum-a-thunga)。他们滑稽古怪的行为令我们摸不着头脑,但是根据我的推测,他们欢迎我们来到他们的地方,我们也对此做出回应,表达我们的感谢。当他们看到我们的反应后,他们中有三四个人跳进水里,游过来,继续冲着我们"卡-阿-通

加",几乎把自己的嗓子都喊哑了,"卡-阿-通加"。³

你必须很努力才能让自己,或者说让总督相信,是原住民自己乐意赠送他们的土地。

在接下来的几天里,这两个年轻的殖民者发现在整个河流系统中有大量的堰,他们不知道是谁建造了这些。但是他们是出现在这个地区的第一波欧洲人,所以他们不得不承认这些堰可能是由"黑人"建造的。

后来,贝弗里奇和他的朋友们看到原住民用独木舟、绳子和渔网捕鱼,这才渐渐明白了这些堰的用途。原住民在大型土制平台后面的河流上筑坝,根据需要引导鱼儿进入这些平台。有一天,柯比注意到有个人站在一个堰旁。他写道:

> 一个黑人坐在缺口附近,一根大约10英尺长的粗棍插他身后的地上,粗的一端朝下,细的一端朝上,杆子的细端系着一根绳子,绳子的另一端有一个套索;一根木钉被固定在缺口水下的栅栏上,那个套索就刚好钩住这个木钉。当鱼像飞镖一样穿过缺口时,鱼鳃就会被钩住;鱼一用力就会解开木钉上的那个绳结,杆子的弹力就将鱼弹起来甩过黑人的头。他而后懒洋洋地伸出手,把鱼给弄下来。然后他再次把绳结套在了木钉上。⁴

柯比是如何解释这番操作的呢？在描述了原住民捕鱼的细节后，他对其效率赞赏有加，他写道："传闻黑人天性懒惰，在看到黑人兄弟的捕鱼方式之后，我觉得事实的确如此。"[5]

柯比把自己在这个边远地区的所见所闻，套入先入为主的观念，而这种观念太强大了，曲解了他所见到的情景，以符合那套偏见。殊不知，他目击到的那套操作却是一项巧妙的工程。彼得·贝弗里奇写了一本书，描述他和原住民打交道的经历，他和柯比对原住民的偏见在这本书中展现得淋漓尽致。[6]他的作品对我们了解瓦提瓦提（Wati Wati）部落至关重要，所列举的词汇也非常重要，但尽管如此，他还是无法掩饰心中的轻蔑。他把老妇人称为女巫，把瓦提瓦提人称为野蛮人，完全忽视了他们社会的应得之份和图腾系统。

该地区的现代历史记载，彼得的兄弟安德鲁因"黑人"杀了贝弗里奇家的羊而与他们发生纠纷，后被瓦提瓦提人所杀。但柯比对事件的描述让我们对于真实动机有了惊人的了解。全副武装的瓦提瓦提斗士们向驻地进发，完全不理会其他欧洲人，直冲安德鲁·贝弗里奇而去。当欧洲人找到被瓦提瓦提人声称一直在侵犯他们的女人的安德鲁时，他已被团团围住，身上插满长矛，并被象征性地涂上了赭色。[7]为贝弗里奇所拥有的泰恩德（Tyntynder）遵循着一种常见的殖民模式：最初是原住民们的接纳，随之而来的是越来越多的怀疑和愤怒，因为欧洲人拒绝让原住民使用其祖先的土地。

柯比津津有味地讲述了战争中的一些事件，但总是委婉地掩盖欧洲人杀戮的事实：

> 黑人们跳进了湖里，但是湖岸逐渐倾斜至湖里，所以湖水不够深，他们无法游泳或潜水，就这么暴露在我们眼皮底下，很容易成为我们的靶子。这些家伙中的很多人再也没有靠近过小屋，也没有试着要杀死一个人或一只野兽，没有！这件事情发生之后，他们很太平。例如，罗伯特先生[一个瓦提瓦提人]**在这之后就再也没有杀过人，也可能他已经死了。**[8]

柯比用强调语气道出的那句话透露出他享受残忍的心理。

他的故事还在继续："这是一场公开的战争。如果他们发现我们毫无防备，他们就会杀了我们，而（如果我们发现了他们）我们反过来也会**随心所欲**。"[9] 柯比使用的语言可能比较委婉，但意思却很明确。泰恩德人与瓦提瓦提人发生了战争，尽管事实上在这个阶段只有一个欧洲人因为猥亵妇女而被那个地区的原住民杀死。

当柯比和贝弗里奇选择将瓦提瓦提人"卡-阿-通加"的叫喊理解为邀请外来者占领自己的土地时，就开始实施殖民活动中典型的暴力、无情和侵略。这是一场土地争夺战，双方都不愿退出战斗。

彼得·贝弗里奇退休后在法兰西岛编写词典，在他的词典中并没有给他所听到的第一批土著语单词下定义，而是通过考察其他研究，并且与研究瓦提瓦提语和邻近的温巴温巴（Wemba Wemba）语的语言学家进行讨论之后，才揭示了一个由原住民监护人乔治·奥古斯都·罗宾逊（George Augustus Robinson）所记录的短语"cum.mar.ca.ta.ca"，此人记录语言和文化信息，这样的人可不多见啊！这个短语的意思可能是"站起来，走开"。正如贝弗里奇所承认的那样，这是一个语气很强的叫喊，不太可能是要别人来占领土地的邀请。

在贝弗里奇听到的短语中，"karmer"一词的意思很可能是一根长长的芦苇秆长矛，它与加强词意的动词词缀"ungga"连用，然后再与第一人称复数代词"我们"（angurr）组合起来。因此，"karmer ungga"翻译过来就是"我们会用长矛刺你"。

不管怎样，贝弗里还是奇选择不把瓦提瓦提人对他说的第一句话写进他的词典。也许是因为他已经知道了它的真正含义，所以不太想要记住它吧。

柯比和贝弗里奇不仅仅是在愚弄自己，他们也是在欺骗我们，企图掩饰他们利用暴力手段占有土地的真相。他们夺取土地的决心蒙蔽了他们的双眼，因此他们看不到瓦提瓦提人是如何利用这片土地的。他们否认瓦提瓦提人经济生活的存在，就是为了否认原住民对其土地的所有权，是在捏造借口，而这正是澳大利亚今天所宣称的"合法性"的核心所在。

埃里克·罗尔斯(Eric Rolls)在他的史诗般的著作《百万英亩荒野》(A Million Wild Acres)中描述了亨特-皮拉加(Hunter-Pillaga)地区草原上羊对草原的破坏。罗尔斯对这片土地满怀热情，他记录了澳洲殖民者滥用土地和水的事实。他注意到，欧洲人掠夺原住民的财产、摧毁他们的村庄之后，土壤也同样迅速恶化，那可是外客入澳前原住民经济的基础啊。农民们注意到，短短几年时间，绵羊就啃光了农田，压实了原本松软的土壤，土地的生产力下降幅度之巨令人惊骇。"在澳大利亚，延续数千年的草原和土壤在几年时间内发生了变化。松软的土壤变得坚硬，幼畜圈养地急速增长，各种杂草占据了大地。"[10]

由原住民们精心耕种带来的肥沃土壤在短短几个季节里就被破坏了。绵羊一旦在维多利亚州茂密的薯蓣雏菊草场上吃草，这薯蓣雏菊草场也就消失了，因为绵羊的齿状结构会啃到植物的根茎，破坏基生叶。

英国的牧民们不知道，他们在第一次进入这个国家时所赞美的肥沃土地是原住民们精心管理的成果，而且他们在养殖方式上的短视决定了，即便这片土地的特性发生了变化，他们也永远不会把这种破坏归罪于自己的农耕方式。

在其生产力巅峰时期，澳大利亚养育了大量的人口，即使是外来天花所造成的瘟疫和战争导致大量原住民人口消失，1885年仍有500名原住民参加了在布雷瓦里纳(Brewarrina)举行的最后几次仪式。有报告显示,尽管人口急剧下降,但在这一时期,澳大利亚大部分地区都曾举办过类似的大规模集会。

殖民时期的澳大利亚试图忽视并抹去原住民发达的社会和经济。整个地区人口剧烈减少之后才到达的定居者,发现这里最坚固的建筑物不过就是挡风墙,生活在此的人们无不卑微、屈辱、疾病缠身,这种记忆缺失也就变得根深蒂固了。这可以理解,因为正如早先的第一手报告所描述的那样,村庄被烧毁,原有建筑物的地基被偷走用于修建其他建筑物,居民在战争、谋杀和疾病中死于非命,整个国家被他人侵占。正因如此,大多数人在1860年之后看不到原先存在先进文明的踪迹。

此外,原住民在储藏设备中所使用的材料具有易腐性,所以很难被考古学家发现,而战争的残酷也意味着如此大规模的食物储备再无可能。定居者对忙于收割的原住民发动攻击,这种战争手段的后果也被大大低估了。农田被牛羊践踏,原住民被阻止去保护和使用自己的庄稼,营养水平和士气便一落千丈。没有什么手段比夺人性命更能削弱敌方的实力。

考古学家彼得·怀特(Peter White)在《农业:澳大利亚是旁观者吗?》(*Agriculture: Was Australia a Bystander?*)中认为,疾病以及羊群和跟在羊群后面的牧羊人的到来,导致原住民人口减少,并使原住民的农业及其驯养的动物逐渐消亡,无迹可寻。于是,第一批探险者和定居者所记录的证据成为我们了解外来者入澳前土著经济的至关重要的资料。

第 1 章

农 业

"农业"一词在澳大利亚原住民中的用法对于许多澳大利亚人来说有着不同的含义。然而,如果我们回顾这个国家被欧洲人占领时最初留下的记录,我们会发现一些不同寻常的现象。它们为我们展示了澳洲探险者和拓荒者所目睹的东西,驳斥了原住民只是采猎者的观点。

当欧洲人开始对历史时代和世界上的民族进行划分的时候,他们确定了5种标志着农业得到发展的农业活动:选种、整地、收割作物、储存盈余和为数量众多的人口建造永久性住所。[1]

鲁珀特·格里森(Rupert Gerritsen)提出了数种关于初期农业的观点,并且认为澳洲的农业可能已经远超初期阶段。

比尔·甘米奇(Bill Gammage)断言:"1788年时,人们虽然种了地,但称不上是农耕者。"他接着说道:

这是两个不同的概念:一个是一种活动,另一个是一种生活方式。一块土地上可能有一座农场,但是这并不意味着这块土地的管理者就是一个农耕者……。同样,在1788年,人们绝对还没有单单靠农耕生活,不断迁移更为重要。这使得原住民在如今的农耕者不可能做到的广泛区域里既种植物,也饲养动物,也使原住民们能够比掠夺者以更可持续的眼光经营澳大利亚。这是原住民和农耕者之间最大的不同……。欧洲人认为农业正是他们和原住民有所不同的原因所在。一定有一种方法可以用来探究两者之间到底有哪些不同以及由这些不同所产生的重大影响。[2]

我们需要了解更多,也需要让更多的人了解。所以让我们再来看看最早来到澳洲的欧洲人究竟看到了什么。

————

想象一下,你正与既是探险家也是土地测量员的托马斯·米切尔(Thomas Mitchell,1792—1855)少校并肩骑马。米切尔少校是一个富有教养且敏感的男人,也是个有趣的伙伴,稍有一些古怪。他是一个伟大的丛林开拓者,也是诗人和画家,但他是个急性子。有时候他还很固执,不够随和。他因为参加了澳洲最后一场决斗而被大家所认识,虽然他只是用枪在对手的帽子上打了个洞。

当穿越澳大利亚边远地区的时候,他这样描述自己所看到的景象:"他们在拔草……并把草堆成垛,令沙漠景观柔化成令人赏心悦目的干草地……我们看到这些长方形和锥形的草垛绵延数英里。"[3]

接着他又写道:

> 这些种子被当地人做成某种面团或者面包,这种草大量被拔出来就是为了采集上面的种子,干草就堆放在我们所经过的道上,绵延数英里。我计算了一下,沿着我们走的那条河有9英里长,我们骑马在河道里行进,穿过的就是这种齐马鞍高的草。这些草似乎是沿着河岸往外生长的,绵延至我们目光所及之处,一直穿过一片稀疏的树林。[4]

查尔斯·斯特尔特(Charles Sturt,1795—1869)在南澳大利亚和昆士兰的旅途中也发现了原住民将谷物堆成锥形以备脱粒的场景。同样重要的是,他说他经常能见到坚固的大房屋。

米切尔还记录了他对那些村庄规模之大感到很惊讶,他写道:

> 一些木屋……很大,圆形,是用直木条搭建而成的,那些直木条在竖立于中心的一根柱子处汇合。木屋的外层首先覆以树皮和草,然后整个抹上黏土。房屋靠近中心处似

乎刚生过火,顶部留了一个洞当作烟囱。[5]

他数了数房子的数量,估算出村庄的人口超过1 000人。没有人在家,他感到有些失望;显然他们刚刚离开。村子里随处可见他们在此地定居已久的痕迹。

米切尔的一个同伴说,这些房子"都很大,一座至少可以容纳40个人,而且造得非常好"[6]。

如果你曾经和乔治·格雷(George Grey)在1839年一起去探险,你可能会疑惑自己这么做是否明智。格雷没有很多丛林探险经历,只有小男生对英国探险家常怀有的那种盲目崇拜。他在金伯利(Kimberly)的冒险简直就是一场灾难。格雷和他的伙伴们所乘坐的捕鲸船由于超载,加上这种船在设计上根本无法满足他们的任务要求,在甘芬湾(Gantheaume Bay)海滩上失事了,在余下的旅程中,一群人只好徒步前往珀斯。

幸好格雷热衷于写日记,尽管旅途多灾多难,他还是记录下了自己的所见所闻。他非常惊讶地在加斯科因(Gascoyne)河边发现了一个村庄,那里的房子都"用非常大的原木建造,很高,总体上说比西南海岸的当地人所造的房子高级多了"[7]。

他甚至更加惊讶地发现了耕种过的土地。他写道:

偶然又走到了我们昨天离开的那条土著小路,只是现在路变得非常宽阔,非常坚实,其所具有的永久性特点使之完全不同于我在这个大陆南部地区所看到的路。……沿着这条曲折的土著小路越往前走,我就越发好奇。路越来越宽,越来越像是常有人走过的样子,沿路我们看到了很多水井,一些井有12英尺[3—4米]深,非常规整。现在我们正穿越一个干涸的河床,从那里望出去,一束光投射下来,一大片富饶的土地出现在眼前,上面覆盖着很多薯类植物[剑叶薯蓣],这种植物的块根是当地人最喜欢的一种食物。这是我们第一次在旅途中看见这种植物。从这里连续往前走3.5英里[5.6公里],穿过一片土地,地上有很多当地人挖掘这种块根留下来的坑洞,因此要穿过这里有点困难。这片土地东西延伸到很远。现在可以确定,我们已经来到了我在澳洲见到过的人口最稠密的地区……土著居民们在这片土地上辛勤劳作,想尽一切办法确保能从土地中获取食物,所付出的努力出乎我所料,我原本认为未开化的人是没有这样的能力的。跨过一道低矮的石灰岩山脊后,我们来到了另外一片同样丰饶的薯田……并且(在第二天)路过了两个土著村庄,当地人称它们为"小镇"——他们在这里造的小屋和南边的不一样,外面由一层厚厚的黏土和带着草皮的土块覆盖着,而且抹得非常精致。尽管现在没有人住在里面,但造它们的时候显然是为了常住的。[8]

第1章 农业

约翰·巴特曼(John Batman)是墨尔本和维多利亚州奠基者之一。他将自己的一个手下安德鲁·托德(Andrew Todd)留下,去守卫他们于1835年6月第一次在维多利亚州牙角(Indented Head)登陆时建造的补给站。托德和当地的华沙荣(Wathaurong)人一起消磨时间,一边聊天一边画画。

其中有一幅素描展示了一队妇女正在挖一种叫作薯蓣雏菊或叫作木秾的小甜薯①,这是华沙荣人的蔬菜类主食。这些妇女们干活的地方一览无余,这是她们修整的结果,那样就可以非常高效地收获庄稼。

1835年维多利亚牙角的薯蓣挖掘者。薯蓣是原住民的一种主食。(J. H. 韦奇供图)

---

① 薯蓣雏菊(yam daisy)或木秾(murnong),属于 Microseris walteri, Microseris lanceolata 和 Microseris scapigera 中的任何一种植物,是澳大利亚原住民的重要食物来源。其根茎与野山药类似,叶子和花与蒲公英很像,是大洋洲特有的一种植物。——译注

薯蓣块茎(维姬·舒库罗格娄供图)

1841年,菲利普港口区(Port Phillip District)的原住民首席监护人乔治·奥古斯都·罗宾逊(1839—1849年在任)记录下这样的情景:

> 土著妇女们分散在整个平原上,一眼望不到边,收集木秵,当地语叫"潘柠"(pannin),这个特权只有在我的保护之下她们才可以享受得到。回来的时候,我检查了她们的口袋和篮子,每个人都满载而归。[9]

1836年,当米切尔抵达维多利亚格兰扁山区(Victorian Grampians)时,他看见了"一大片开阔的丘陵地……被木秵染成了黄色",还有"土著人分散在田野上,刨挖木秵的块根"[10]。第一舰队的指挥官约翰·亨特(John Hunter)船长1788年报告说,悉尼附近的人靠薯蓣园生活。[11]"当地人好像主要以这些从地里挖出来的块根为食;因为此地那些低矮的河堤似乎都被翻挖过,就像是有一大群猪一直生活在这里一样。"

1836年在维多利亚的森伯里(Sunbury),艾萨克·巴蒂(Isaac Batey)和爱德华·佩奇(Edward Page)等定居者看到,人们把他们的田园收拾得井井有条,久而久之就形成了面积很大的土墩,但是几乎没什么人留意到对田地的这种管理方式,以至于不过隔了短短几年,欧洲人就已说不清楚究竟是谁或者什么造就了这些卓尔不凡的梯田。

这一次的观察记录证明了当时已有精细的耕作法,这是一种连现代农民都认可的出色的土地管理方式。探险者和定居者们都报告说在这个国家的很多地区看到过类似的活动,证明这并非是一枝独秀。精耕细作是原住民使用土地的普遍特征。[12]

1839—1942年间任菲利普港口区的原住民助理监护人的查尔斯·希夫莱特(Charles Sievwright)在该港口成为维多利亚殖民地之前,曾决定将欧洲的农耕法介绍给聚集在他的克兰贝特湖(Lake Keilambete)保护区的原住民。他们只不过看了一眼他的英国耕作法,然后就拿起自己的锄头去这片土地的斜坡上锄地了,把大一点的泥块全都捣碎。原住民们在这片大陆已耕作了数千年,他们是定然不会让土地受到侵害的。

同样，当罗宾逊进入新南威尔士潘布拉（Pambula）旁的孟布勒（Mumbuller）谷时，当地的一个部落头领尤伊戈（Yow.e.ge）告诉他说这里周围都是他的农场。这个尤因人（Yuin）知道欧洲人口中的"农场"一词指的就是粮食产地。他之所以用"农场"一词是要让罗宾逊明白他的人民也是耕作者。

殖民者艾萨克·巴蒂在谈到薯蓣雏菊的消失时，仍记得那些采集和清洗大量块茎的妇女。然而，他于1846年到达那里不久后却在笔记中写道：

> 这里曾经有大量的薯蓣雏菊，现在已几近绝迹，在笔者应征而至的这个1909区想要再找到一株已经变得相当困难。……而在其他地方，据说动物已经把它们都吃完了。但是，它们的灭绝还有另外一个因素，就是牛、羊和马对土地持续地踩踏导致土壤逐渐变硬，不再适合薯蓣雏菊的生长。为了证明这一点，爱德华·佩奇（Edward Page）先生说："我们第一次来这里时，我开垦了一个菜园，那时候的土壤如灰一般松软。"补充一句，这块土地上没有任何种类的树木或灌木，土壤是略红的厚厚肥土。[13]

莫纳什大学生物科学学院的著名民族植物学家贝丝·戈特（Beth Gott）博士用这些原住民在殖民地时期前食用的植物样本在大学内建了一个花园。在《南澳大利亚原住民使用的根茎植物生态学研究》("Ecology of Root Use by the Aborigines of Southern Australia")一文中，戈特解释说，原住民的系统性和重复性耕作过程令土壤变得通气、松软，以利于种子发芽、植物根系深入土壤，并让灰烬和堆肥被植物所吸收。她认为这"与农业/园艺有充分的相似之处，可以被认为是一种自然园艺"[14]。

建筑学家、荣休教授大卫·弗兰克尔（David Frankel）引用巴蒂的早期观察结果道：

> （山脊斜坡上的）土壤富含玄武岩黏土，这种土显然非常适合种植木秨［薯蓣雏菊］。在山脊的斜坡上有许多紧密排列的土墩，这些土墩和山脊的斜坡形成的角度恰到好处，充分证明这些土墩是由人类的双手连续多年堆砌而成。这种翻土用最好的术语来形容就叫"偶然园艺"。我们也完全可以假设土著人民非常清楚地知道，翻开泥土去寻找薯蓣，不但不会减少这种食物供应，反而有可能增加它们的产量。1846年抵达这里之后，我们仍然对木秨的挖掘一无所知。因此我们有很充分的理由认为，牲畜似乎已经将这种植物啃食殆尽。[15]

这是巴蒂对筑修梯田的描述，如此明显的特征使得巴蒂确信它们再存续100年都不会有问题。

很多殖民者在定居澳洲的最初几年都发现这里的土壤品质很好且非常松散。在西维多利亚的科拉克地区,那里有很高的袋鼠草,以至于第一个移居者 G. T. 劳埃德(G. T. Lloyd)的羊群会被草丛遮挡。兰花、百合花和苔藓在粮食作物之间旺盛地生长着,土地在苔藓和地衣的覆盖下被保护得极好,地衣和苔藓非常厚实,人们骑马穿越这片田野时,怎么也快不过"田间越野跑"的速度。[16]劳埃德说他的马蹄陷在土里,那土壤就像是海绵。"定居者驱赶食草的绵羊、山羊、猪和牛,在它们尖利的小蹄子和牙齿的猛攻之下,地表被毁坏了,露水也没有了。"[17]土壤一旦变硬,雨水就顺着坚实的表面流掉了,河水就会泛滥,河面升到原住民从未见过的高度,给这个地区和其他地区的土壤管理造成了新的问题。

此类殖民地报告的频繁出现激发戈特开始进行自己的实验。[18]绿花点头兰(Nodding Greenhood,也称鹦喙兰,翅柱兰属)是另一种对原住民来说很重要的块茎类食物,而且采集这种植物既能使土壤不断得到翻动,也能促使灰烬和堆肥进到地表之下被土壤吸收。戈特发现点头兰被原住民采集之后,其密度在 14 个月内就能恢复到采集前的 75%。以两到三年为一个周期进行耕种不仅不会减少粮食供应,反而会增进土壤的肥力和作物的产量。

这样的管理方法导致了澳洲大陆与众不同的植被分布,比尔·甘米奇在《地球上最大的庄园》(*The Biggest Estate on*

Earth)中解释说,欧洲的定居者们很惊讶地发现澳洲最肥沃的土地上竟然没有树木。

原住民耕种者用火来清理土地,他们小心地用林带把田地分开。就像现代农耕者一样,原住民将贫瘠土地上的树林留着,但是清理出肥沃的土地用作牧场或农田。甘米奇援引某个早期定居者回忆写道:

> 除了冲积地,良田上很少看到优质树木。内陆肥沃的平原上完全没有森林……[悉尼周围]最好的林地总是长着非常细的树;总之,你会发现最好的土地上树也是最少的。[19]

关于澳洲的土壤以及原住民们管理土地的方法,我们仍然有许多需要了解的地方。但是在探险者们的日记中,殖民定居者们对原住民的方法视而不见。直到现在,澳大利亚人仍然在承受着殖民者所犯错误的后果。

原住民管理土地的方法不仅实用,而且还美观。米切尔注意到这片乡野的景色是美丽的,但他认为这种美景是偶然而成:"我们穿过了一片美丽的平原,平原上覆盖着闪闪发光的绿色植物,点缀着一些树木,这些虽然是'大自然在无心匆忙中撒下的',却让这片乡野看起来就是个大公园。"[20]

在一段更为写实的文字中,米切尔提到了中昆士兰的贝尔扬多河（Belyando River）：

我们穿越了一片又一片干沼泽，在那里，到处都是当地人翻掘出来的泥块……这些土块又大又硬，以致我们不得不把它们扔到一边，才清出一条道路供我们的车辆前进。整片土地就像是被锄头挖了一遍似的……我们穿越的这片干沼泽大约有两英亩，往远处看也能见到类似的地貌。[21]

在新南威尔士亨特河（Hunter River）附近，米切尔注意到土地被犁过的样子，非常特别，他一直在琢磨咋会出现这种地貌。[22]在《百万英亩荒野》中，罗尔斯写道：这个地区的定居者和土地测量员曾说过，"这些山丘看上去像是经过精心规划的公园和庭院"。其他一些人则认为这些是"被耕种过的土地"[23]。

威廉·霍伊特（William Howitt）曾表示他发现了一种令人好奇的地貌："土堆或土墩一个一个的几乎和棋盘上的格子一样规则。不过也不尽然，因为它们并没有一排挨着一排非常整齐，而是相互之间留了空隙，好让你从它们中间穿过，这里四围都是土堆和洼地。"[24]霍伊特并没有解释这些土堆到底是什么，而认为这是一种自然现象。在他看来，原住民不可能有做这种事的动因，然而根据其他人对大规模耕种的考察结果，这很有可能算是原住民农耕技术的又一例证。

今天,这种薯蓣已经差不多从这片大陆上消失了,但是在新南威尔士德勒戈特(Delegate)的本甸之路(Bundian Way)附近,人们发现了一大块生长着这种块茎植物的地。碰巧的是,人们从来没有在那片土地上放牧过羊,也没有在那里使用过化肥过磷酸钙①。因此,这些不同寻常的状况使得我们能够来研究薯蓣雏菊的种植条件,传统原住民很可能就是在与此类似的条件下种植薯蓣雏菊的。这种作物对于新南威尔士的杜尔加人非常重要,他们甚至以这个植物的名字称呼自己。在维多利亚的坎贝尔港(Port Campbell)附近也发现了另一块广阔的薯蓣雏菊田。我们的努力得到了回报。

薯蓣雏菊是殖民地时期前澳大利亚原住民重要的经济作物,但是关于这种多产的块茎植物研究却很少。但可以肯定,我们再也不能忽视这种有价值的植物,也不能忽视它能带来的商机了。

令人振奋的是,受贝斯·戈特研究成果的鼓舞,东吉普斯兰和新南威尔士州南海岸的原住民社区正开展薯蓣雏菊种植试验,他们已经在不同的土壤里用不同的管理方法种了7块试验田,目前正在对结果进行科学测试。

---

① 过磷酸钙又称普通过磷酸钙,简称普钙,是用硫酸分解磷矿直接制得的磷肥。——译注

 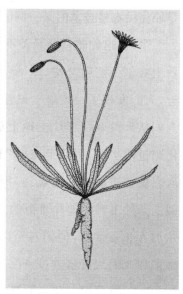

左图：薯蓣雏菊的种子穗（贝丝·戈特供图）；右图：薯蓣雏菊和块茎素描（约翰·康兰供图）

谷物

尽管欧洲定居者有许多人都图省事而对原住民农业经济存在的证据不予理会，但是仍有一些人记录了自己的观感，有一些人还猜测究竟是什么情形造就了这种庄园（Gentleman's Park）。关于土地似乎被耕种过的记录在早期档案中非常普遍，而且涉及整个澳洲大陆。这些记录反复描述了这个国家每一地区的谷物收割情况，诺曼·廷代尔（Norman Tindale）还把原住民种植谷物的区域绘制成平面图，农村产业研究与开发公司（Rural Industries Research and Development Corporation）因而能绘制出下面的这幅地区图。

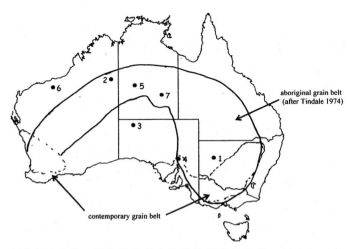

原住民谷物带。原住民的谷物收获地图基于诺曼·廷代尔 1974 年所作研究绘制而成，展示了当年谷物收成与当代澳大利亚谷物带的对比情况。（* 1. Allen，1974；2. Cane，1989；3. Cleland & Johnston，1936；4. Cleland & Johnston，1939a；5. Cleland & Johnston，1939b；6. Maggiore，1985；7. O'Connell，1983）

沿海地区和雨量较多地区以外的土地上谷物是主要作物，而在雨水较多的地区则以薯蓣种植为主。

廷代尔发现，在这些地区收割谷物的人把他们劳作的方法视为自己身份的核心，他们用"帕纳拉"（panara）这个词或与之类似的词来称呼自己为"禾民"。

当代研究人员、人种志学者 R. G. 金伯（R. G. Kimber）从澳洲中部从事种子繁殖、灌溉、收割、储存和交易的原住民那里收集了大量的证据。向金伯提供资料的人中有一位名叫沃尔特·史密斯（Walter Smith）的林业工人、骆驼夫。

史密斯为自己的威尔士和阿拉巴纳土著血统而感到自豪，他告诉金伯他们如何手工播种，并在种子上面覆一层薄土，然后进行灌溉：

> 他们在[适宜的位置]那里撒上一点，不会撒很多，你知道，一把都不到。[他们]撒那么一小把，把它们撒开[做撒播状]，明白了吗？——这里一颗种子，那里一颗种子……当然他们会在上面撒一点土，但不会太多。然后第一场雨很快就到来……那时它们就会长出来了。[25]

史密斯还描述了如何把种子带到其他原先并没有自然出产这种植物的地区，并用种子换取别的物品或纯粹当作礼尚往来的礼物送给别人。

原住民关于农业的理念已经非常先进，他们已然把种子当作一种栽培品进行交易。[26]不少探险者和评论者都曾看到过谷物被放在密封的小包裹里，卖给远方的亲戚。选种和交易所跨区域如此之广，经历的时间如此之久，逐渐改变了这些谷物和其他土著食物来源的形态，而且这些粮食作物的品质已达到农学家所认可的"驯化"之结果。

烘焙技术也随着种子的收获而得到发展。澳大利亚博物馆的理查德·鲁拉格（Richard Fullagar）和新南威尔士大学的朱迪思·菲尔德（Judith Field）在新南威尔士西部沃尔格特（Walgett）附近的库迪泉（Cuddie Springs）发现了磨石，这些磨石是3万多年前用来研磨种子的。这让世界的烘焙史差不多提早了1.5万年。第二早懂烘焙的埃及人直到公元前17000年才开始烘焙。[27]其他民族通过磨碎块茎来提取淀粉，但澳大利亚原住民似乎第一个发明了用草籽粉来烤面包的"炼金术"。

这种烘焙技术无独有偶。考古学家在距离北领地遥远的卡卡杜发现了2.5万年前的磨石：远古时代的烘炉。我们有什么理由不为此感到惊奇和骄傲呢？[28]

爱丽丝·邓肯-坎普（Alice Duncan-Kemp）父亲的大牧场穆拉贝利（Mooraberry）在昆士兰比杜里（Bidourie）附近，她1910年左右在那里和原住民一起生活。根据她的描述，卡托拉（Katoora）种植仪式是这样的：

> 土著女人们从草编网袋里把种子撒在地上……卡托拉或大麦草种子就落在小土堆上，土著女人反复在它们上面浇水，种子因而膨胀，逐渐生长。[29]

探险家汉密尔顿·休姆（Hamilton Hume）和罗宾逊开诚布公地说，他一直在查尔斯·斯特尔特上尉的探险队里，他说："达令的当地人从野燕麦（一种圆粒谷物）中获得谷粒，用两块石头把它们磨成粉并食用，北边的原住民也是这样做的。"[30]

出于探险者中普遍存在的典型的嫉妒心理，斯特尔特说："米切尔对此什么都没说，实际上他对他们的风俗知之甚少。"[31] 不过，有一点是肯定的，那就是当米切尔看到圆锥形的干草堆在一个留茬围场上绵延数英里，每一根茎秆都被割掉了头，他心生纳闷，不知道"这一垛垛草堆放在那里，是否与展示农业的魅力有关"[32]。

1845年，斯特尔特在托伦斯湖附近第一次看到人们收割那种名叫光滑节点黍的禾草时，他发现这些禾草被晾晒在倾斜的河岸上，慢慢变干、成熟。

值得注意的是，当原住民们忙着收获时，斯特尔特和他的队员们却在为生存而烦恼。"白天气温高得可怕……我们无法一直骑在马上，那些马出了很多汗。"[33] 其中一个叫普尔（Poole）的队员因为天气太热加上患了坏血病，受尽折磨。他的肌肉变硬，口腔上颚（黏膜）脱落，在送回基地的路上就死了。

在这片极度炎热和干旱的土地上，原住民建造了舒适的房屋，生产的粮食不仅能满足当下的需要，而且还有盈余。这是一个重要的社会和经济成就——有盈余的粮食生产是定居农业的公认特征之一。

再往北走一点，斯特尔特看到了"辽阔的草原，像一望无际的留茬地，当地人每年这个季节就是从这种禾草上采集下它们的籽来糊口的……已经被当地人脱完谷物的草被一垛垛地堆了起来"34。一片无边无际的留茬地？干草堆？斯特尔特当时看到的正是一场大丰收,这场大丰收一定为该地区的众多居民提供了大量余粮。尽管粮食丰裕的证据就在眼前,但斯特尔特仍不由自主地使用"糊口"这两个字。

在后来的一次探险中,斯特尔特的一个同伴布洛克(Brock)记录了他对伊夫林溪(Evelyn Creek)附近一片土地的印象:"这里就像一片丰收的田野……在每一片凹陷处,我们都发现了当地人劳动、将种子从禾草上打下来时留下的痕迹。"35

他们一行人注意到,收获的粮食量大得惊人。这种禾草米切尔在其他地方也见过,学名是多籽黍,通常被称作大麦草或本地黍米,当地人称它为"库栗"(cooly)或者"帕帕"(parpar)。事实上,斯特尔特在1845年访问过一个叫帕皮尔(Parpir)的地区,他在日记中记录了他们骑马穿过辽阔而宜人的草原时的情景。

斯特尔特还注意到:"草地上长着黍和好几种新物种,其中一种是从老茎中生长出来的。平原非常青翠,草不仅繁茂,而且质量也是无与伦比的……比我以前见过的任何草原都好。"36

米切尔、斯特尔特和其他人都谈到了长得高大的燕麦草,也谈起家畜和马非常喜欢吃这种草,并因此长得膘肥体壮。今天,我们把这种草称为袋鼠草,它是这个国家几乎所有"未开垦"草场的主角。在过去,它的籽是土著居民的恩物。如今仍住在库玛(Cooma)的原住民说,他们的马会疾驰越过其他禾草,直冲过去吃黍籽。这种禾草的农业潜力不可估量。

原住民种植和收割的另一种植物库珀苜蓿(葫芦巴属),也是外来家畜所喜爱的。这种植物的减少对原住民经济造成了严重影响。米切尔第一次看到它是在湖床上:

> 这个时节此地到处都是茂密的青翠植物,微风中弥漫着阵阵芳香……对我们来说是如此新奇的景色,更增添了它的魅力。不久我就发现这种香味是从这类似三叶草的植物中散发出来的,我们在上次的旅行中发现这种植物作为蔬菜是极好的。[37]

这种食物的减少对土著经济影响严重,因为它与燕麦草、薯蓣雏菊、大柄苹一样,不管长在那里,都被外来家畜吃光了。结果,原住民们既失去了他们的居所,也失去了他们重要的一个生计。

定居者们不遗余力地阻止原住民返回这些澳洲最富饶的地区。但有一个维么拉(Wimmera)的定居者注意到,在三四年的放牧之后,"我们的许多草本植物开始消失……纤维植物开始出现在灌木丛的边缘,那些深根禾草渐渐消失"[38]。

大柄苹(一种苹属植物)曾经是一种重要的植物,因为它能够在本来就不适宜人类居住的地区——浅湖湖床上——生长。

探险者们注意到,当湖水干涸时,原住民们将草籽归集到巨大的贮藏器中,并将其加工成面粉,多余的面粉被储存在各种防虫容器中。许多探险者,包括吉尔斯(Giles)和阿什温(Ashwin),都是在掠夺了这些库存面粉之后才得以在艰难的旅途中幸存下来的。

收获的粮食竟然养活了那么多的人口,许多人第一次了解到这个信息时都会感到惊讶。这里可是我们的大沙漠,澳大利亚那片没有生命的中心地带——它和我们的神话格格不入,因为我们的神话坚持认为那里不是人待的地方。我们的诗人赞美那片土地的杳无人烟,说它是所有澳大利亚人的心理标记。

2013年10月,一篇刊登在《澳洲地理》(*Australian Geographic*)上的文章论及澳大利亚令人恐怖的中心地带,但并没有提到原住民是如何使用和开发这块土地的。然而,1875年时,路易斯(M. W. Lewis)还在该地区看到过350个原住民,而其他人还曾见过有500个,甚至更多的原住民。[39]

澳大利亚作家玛丽·吉尔莫(Mary Gilmore)给我们提供了合乎情理的轶事证据,她的家族属于新南威尔士州新英格兰地区的首批定居者,她为此把家人的回忆记录了下来。她的叔叔们回忆了与卡托拉种植仪式(见上文邓肯-坎普的描述)相似的一个仪式以及堤坝的建设、农田灌溉和收获。

在伯克饿死的那条小溪上,探险家麦金利(McKinlay)曾说道:"整个乡野看起来就像经过精耕细作一样。"[40]像这样的描述在第一批殖民记录中很常见;定居者几乎不需要砍伐树木就可以开始放牧,但几乎没有人把这些条件归功于原住民的土地管理。

凯特·兰洛·帕克(Kate Langloh Parker)是新南威尔士北部的一位作家,也是最早记录原住民故事的作家之一。迟至1905年,她还非常详细地描述了原住民丰收的场景。而此时的澳大利亚已经是一个联邦国家了,但是尤瓦利耶(Yuwaaliyaay)人仍然在用传统的方式收获粮食。刚割下的大麦草被扔进一个用灌木围起来的场地,点上火,谷粒就会从茎秆上掉落到采集坑里,然后再进行脱粒。[41]

早期的定居者曾发现过一种看起来像锄头的土著工具,但对此不屑一顾,因为他们确信澳洲没有什么所谓的农业。如果你不以包容的心态看待这些工具,那它们就会被认为是一种反常之物。但如果稍微改变你的视角,你看到的景象就大不一样了。罗伯特·埃瑟里奇(Robert Etheridge)是新南威尔士州地质调查局和澳大利亚悉尼博物馆的古生物学家,1894年他对这些"锄头"的用途作出了推测,得出的结论是:"原住民对农业一无所知"是基于偏见的错误认知。[42]

自从那时起,极少有人再对这些工具作研究,因为它们在人们对澳大利亚原住民成就的臆断之外。一些评论者认为这些工具是阳具崇拜的象征;研究人员认为原住民太落后了,他们不可能耕作过土地,所以这些石头只能具有阳具的象征意义。澳大利亚学术界有各种方法来贬低这片土地的第一任耕作者。

在阅读完首版《黑暗鸸鹋》(2014)之后，一位年轻的威拉祖利(Wiradjuri)艺术家和考古学家乔纳森·琼斯(Jonathon Jones)，请求检查一下澳大利亚博物馆的这些石头收藏品，在那里他发现了好几十种这样的工具。它们又大又重，乔纳森推测它们必须以钟摆的方式在两腿之间使用，就像锄头或犁一样。工具上还有使用绳子捆绑的痕迹，这表明它们原来被安装了一个与工具垂直的把手。这种工具不是用来加工木头或石头的，而是仅仅用于农耕。它们对我们了解澳大利亚原住民的农业史十分重要，但得到的研究太少，大多数甚至都没有被展示过，所有工具几乎连标签都没有。少数有标签的被统称为伯根河镐，耐人寻味啊！

石镐（乔纳森·琼斯供图）

自从本书第一版出版之后,我就从全国各地的农场主那里收到许多照片,展示了他们家族一个多世纪以来所收藏的其他稀奇古怪的工具。如果有谁对这些工具进行研究,那将会为世界农业史增添一道令人着迷的光。

同样,北澳许多博物馆也展出了一些像刀一样的工具,这些工具通常被贴上了"用途未知"的说明。事实上,它们是手柄上包裹着毛皮、刀刃锋利的长刀。在探险家格雷戈里(Gregory)的描述中,原住民用它们来收割谷物。[43]

2010年,有人给我看了几件在维多利亚州科拉克地区发现的石器,它们是梨形长盘子,几乎和独木舟的桨叶一样大。1998年,我在奥特威岬(Cape Otway,位于科拉克附近)看到过一个类似的物件,但这些物件的用途尚不能确定。然而,在昆士兰和新南威尔士也发现了类似的物件,它们是用来制作食物的平台。这些是仪式用具,还是厨具?只有对物体表面进行详细的分析才能让我们明确知道这些东西究竟有何用途,但可惜的是,这样的研究却很少。

食用植物的驯化

学者鲁珀特·格里森收集了大量材料,揭示了世界人口在居有定所、从事农业方面所取得的成就,检验这种进步的标准之一就是植物的驯化。

植物由于人类诱导的选择机制而被"驯化"后,它们的形态和结构往往会发成变化,通常会成为一个新物种。在这个过程中,植物的基因会发生变化,需要依赖于人类才能延续它们的生命循环。[44]

驯化后的植物所发生的一些变化,包括休眠减少、趋向于同时成熟、种穗处形成结实的叶轴,它会抑制种子的发芽,除非人工对其浇水。收割和扬谷的方法也会导致种子特性发生变化。尽管人们对土著谷物开展的研究有些晚,但最初的研究还是发现了类似特征。格里森将佐哈里(Zohary)等人的研究成果汇集在一起,证明了原住民的种植活动与欧洲人对野生小麦和大麦所进行的"驯化"是一样的。这些研究人员认为,按照这种农耕方式,只需20到30年就能让作物拥有结实的叶轴,其结实程度足以达到在没有人工浇水的情况下能抑制种子发芽。[45]

澳洲的谷物变得依赖于原住民的干预,广袤的草原、单一栽培,这些都是原住民精心操控的结果。

同样,沙漠葡萄干,或称灌木番茄(茄属植物),在被沙漠中心地区的人们食用数千年后,它的繁殖和传播早已经依赖人类。作为一种广受欢迎的植物,它最常见于营地附近,并通过(原住民的)选择性焚烧得以改进,进一步强化它对人类干预的依赖。

这种植物在中央沙漠地区文化中很受尊重,人们常常用它的名称来形容一个好人。种植者用仪式、舞蹈、歌曲来赞美这种植物,身体彩绘也常常以它的形象为特色。多余的收成被磨成糊状，然后搓成球保存，即使过了一年多仍然可以食用。

人们对这些植物的研究不足，并不意味着缺少开展研究的证据，而只是缺少兴趣和意愿去探索原住民与澳洲植物群落之间的相互作用。其中的灌木果实和籽在餐馆里越来越受欢迎，但是薯蓣雏菊和土著谷物却很少受到关注。对原住民的经济活动进行研究很有必要，不仅是为了充分理解原住民如何生活，也是为了理解人类各民族在地球上迁徙的方式和时间。

根据我们以往的认知，澳大利亚原住民是从印度尼西亚跨越陆桥来到澳洲的。我上学那会儿，人们认为这发生在海平面上升的1万年前，在冰河时代之后。在使用碳定年法之后，这个数字激增至4万年，而在使用更现代的定年技术作出进一步研究之后，这个数字又激增至6万年。原住民们当然可以一直说，我们向来都在这里。

30年来，维多利亚西部的原住民社区一直试图找人分析一下霍普金斯河（Hopkins River）区域的一处古堆肥。那堆东西非常古老，岁月已经使它石化。对其进行的检测最终开展之后，人们发现那堆东西竟有8万年之久，甚至比"非洲起源说"所认为人类离开非洲的时间还要提前1万年。由于霍普金斯河古堆肥位于大陆的最南端，所以很可能在大陆架的边缘存在着更古老的堆肥，在海平面上升之前，人们就生活在那里。

了解世界各民族以及他们在全球各地的迁徙情况，这是一个有趣并值得探索的课题。博勒教授（Jim Bowler）在芒戈湖（Lake Mungo）进行的研究取得了非同凡响的成果，但他在霍普金斯河地区的研究更有意义。这是令所有澳大利亚人都能欣赏的对过去的一次探索，也是土著澳大利亚例外论得到进一步承认的一个机会。

在过去的10年里，其他研究者关于原住民所驯化植物的研究也正紧锣密鼓地展开着，我们必须鼓励并支持此类研究。

澳大利亚一位最资深的考古学家想尽办法争取到了官方支持其对墨累河地区一个高度发展村庄遗址进行发掘工作，之后她向我吐露说，相比起澳大利亚境内开展的新领域研究，澳大利亚考古学家更加容易获得海外研究赞助。大多数考古学家认为，人类向居有定所的生活方式变迁总离不开某种形式的农业，这一变迁过程常被描述为"集约化时期"。比尔·甘米奇认为，收获薯蓣和谷物都需要某种定居农业的支持，但"原住民意念之力量"确保农作物不会受到周边部族的侵扰。[46]这就排除了寸步不离地守护农作物的必要性，能让原住民们有更多的机会转辗他处、参加旷日持久的文化仪式。

在谷物种植区，许多故事都描述了祖先教导他们的人民如何选种、播种和建造水坝。根据吉普斯兰的警官、同时也是业余人类学家的阿尔弗雷德·霍伊特（Alfred Howitt）记录，迭里人（Dieri）相信神话中的祖先撒播了5种主要食用农作物。彼得·贝弗里奇在他天鹅山（Swan Hill）附近的房子里记录了瓦提瓦提人的传统故事，大多数都以食物生产、整地和在贮藏剩余粮食为主题。

原住民种植和收获的另一种粮食是稻米。从根据廷代尔的研究成果所绘制的地图可以看到，稻米区主要在原住民谷物带的北面（见第27页）。

2012年7月，我听到南十字星大学（Southern Cross University）客座教授伊恩·奇弗斯（Ian Chivers）在澳大利亚广播公司的国家广播电台上讨论本土稻米的潜力。他强调了澳洲水稻基因组的重要性，因为撇开其他有害的变化不谈，亚洲水稻正逐渐失去可以让其免遭疾病的特性。访谈中教授并没有提及原住民，所以我打电话给他，与教授讨论他的研究。他不确定原住民在培育这些谷物之中扮演了什么样的角色，原住民食用这些谷物，但是他们会种植吗？

奇弗斯对原住民谷物管理这个想法很感兴趣，但他研究的重点是当代市场上本土谷物的经济潜力。

奇弗斯的研究伙伴弗朗西斯·夏博特（Frances Shapter）将弗雷德·特纳（Fred Turner）的《澳大利亚的禾草》（*Australian Grasses*）推荐给我，这本书根本没有提到原住民，但奇弗斯在最近的一篇论文中提出："在澳大利亚，我们有谷物食品生产由来已久的实例，非常了不起，它们没有对环境造成任何不利影响，不需要昂贵的化肥或杀虫剂,而且在种植过程中不需要人工灌溉。"[47]

原住民只简单地通过不断干预植物生长周期和选择收获哪些种子就改变了这些植物的基因组和习性。这个过程需要长期的实践,科学家们将之称为驯化。

奇弗斯在给《对话》(*The Conversation*)节目网站的投稿中这样写道:"这种长期的谷物生产体系正是澳大利亚原住民数千年来所维系的农业体系的一个特征。"[48] 此外,他还认为我们应该:

> 审视那些多年生禾草而不是一年生禾草,那样才能琢磨出我们的谷物类型……你能想象在降雨量和时间允许的年头里,一个永久牧场也能长出谷物吗?干旱的发生是不可避免的,但也只有牧场才能在干旱中生存下来,旱季一旦结束,根本不需要重新播种……这是一个多年生的谷物种植系统,在过去被使用了很长时间,但它今天依然在那里等着我们去发现,当然,我们得有足够的智慧才能看到这一点。[49]

2012年10月19日,来自查尔斯·达尔文大学的佩尼·武尔姆(Penny Wurm)和肖恩·贝拉里斯(Sean Bellairs)两位博士在澳大利亚国家广播电台的《乡村报告》(*Rural Report*)节目中进一步讨论了这个问题。他们指出澳大利亚原住民食用各种稻米已经有几千年的历史,撇开其他的优势不谈,一些物种甚至能够在淡盐水中生长。

这些原住民的大米和商业化大米差不多,颜色是浅红色,他们认为这会吸引烹饪专家:

> 数千年来,原住民一直在收获和食用澳洲本地产的稻米,这些稻米有可能撑起一种野生稻米产业,成为观光业和原生态美食市场的"丛林美食""猎奇美食"或其他美食产品(谷物或面粉均可)。[50]

和奇弗斯一样,武尔姆和贝莱尔斯(Wurm & Bellairs)认为,这些野生稻米会成为水稻栽培品系培育和亚太地区经济发展的重要遗传资源。

这是个好消息,这很有可能意味着原住民将能够从他们在这种植物上所投入的知识产权中获得回报。太阳大米(Sun Rice)私人有限公司协助了这项研究,他们将从研究成果中受益,所以我希望他们能尊重原住民数千年来对这项研究所作出的贡献。

灌溉

许多探险者和牧民都曾看到过水坝和灌溉沟渠,但沃尔特·史密斯(Walter Smith)看到了它们的修建过程。金伯记录了他与史密斯的一次对话：

> 人们站成一排，使用铲子和较大的库拉蒙①。黏土和泥土被铲入更大的库拉蒙中，那一排人接力传递这些库拉蒙。沃尔特对这种操作的速度发表了评论；人们这样排成一列一起干活，挖深他们选定的集水区和建造堤岸可以同时完成。当挖掘到令人满意的深度时，他们会踩踏黏土基。如果附近有蚁巢材料，这些材料也会被搬来一起踩进黏土，打成坚实的堤基。[51]

在昆士兰西南部康乃尔地区布洛河的河漫滩上，人们发现一道水坝墙，长 100 米，高 2 米，底部有 6 米宽，建造它需要 180 立方米的建筑材料。黏土与三棱石鹅卵石混合在一起，形成了一道横跨好几条溪流的土堤，能够容纳 70 万升水。[52]

在卡奔塔利亚湾的格雷戈里断崖附近，有一个杰出的农业工程实例："它是一系列相互连接的坝墙，围出了许多永久性深水潭，使整个水潭群非同凡响。"[53] 这种技术据说可以提高产量（金伯在 1984 年曾报道过一种类似的方法）。我们在此讨论的不是模棱两可的一次性的例子，这样的建筑物在整个大陆上

---

① 库拉蒙(coolamon)，澳大利亚原住民用来盛物的一种器具，用树根或树枝雕刻而成，外侧还会用余烬烧刻上具有神话意义的复杂图案。库拉蒙一般由妇女们顶在头上或搁在腰间携带，其形状和尺寸视用途而各不相同，用于盛放食物和水、装载物品、挖掘、扬谷，还可以用作婴儿摇篮。——译注

随处可见。[54] 1977年，诺曼·廷代尔在尼克尔森河（Nicholson River）上看到了一座水坝，其设计目的就是让水溢出来灌溉农田。金伯也描写过类似的建筑：位于大西部沙漠（Great Western Desert）的戈弗雷水库（Godfrey's Tank）是以大卫·卡内基（David Carnegie）一名手下的名字命名的，水库的四壁满是绘画和雕刻作品，储水量估计可逾151万升。[55]

新南威尔士的威拉祖利人也建造大坝，他们把鱼和小龙虾装在库拉蒙里，从很远的地方运到新挖的水潭中放养。[56]

1875年，吉尔斯在南澳大利亚乌尔迪（Ooldea）附近发现了一处水库［位于纳拉伯平原（Nullarbor Plain）的东部边缘］；它的堤岸有1.5米高，堤基也是1.5米。在水库的一边设置了一条溢洪道，使水能够溢出而不损坏堤岸。吉尔斯认为这些工程很粗糙，但"整整一个星期，它为7个人、22头骆驼提供用水，并装满了他们的储水器，这些水足够他们走完500公里的干燥路段"[57]。

早期探险家S. G. 哈勃（S. G. Hubbe）在寻找牧道进入西澳大利亚的时候，发现了一处不同寻常的建筑物。[58] 在一个露出地面的花岗岩地基上建造了一堵1.8米高的黏土和花岗岩堤壁，由于大坝底部的土壤很松散，土壤外覆盖了花岗岩板，堤壁上凿出了几级台阶。集水效果非常棒，哪怕只是下一阵小雨也能收集大量的干净雨水。

斯特尔特还在南澳大利亚托伦斯湖的北面发现了一口深

井,这口井:

> 深22英尺,井口宽8英尺。有一个取水平台……还修建出一个凹坑用来储存水……从这里出发有许多条路,几乎通向四面八方,沿着其中一条路走会到达一个由19个小屋组成的村庄……饲料槽和碾磨谷籽的石磨四处散落着……在这个地方有这么一口大井(这是一项必须由一个强大的部落团队协作才能完成的工程),这一事实使我们确信,内陆这一边远的地方……并非没有居民。[59]

考古学家约翰·莫里森(John Morieson)和斯威本研究所(Swinburne Institute)的学生们最近调查了本迪戈附近的库优拉国家公园(Kooyoora National Park)的许多水井,在清理掉堆积的瓦砾残片之后,这些水井在降雨几毫米后就会满溢。有几口井能够容纳数千加仑的水。[60]

莫里森和其他调查过此

维多利亚州本迪戈附近库优拉国家公园里的水井(林恩·哈伍德供图)

类水井如何建成的人都推断,原住民在井里点上火,火的燃烧使岩石变得滚烫之后,他们给岩石浇上凉水,这样就造成大块大块的石头片从井壁和底部脱落,借助这种井内岩石的反复脱落,水井不断加深。其他人则认为,石头的自然分解和持续数千年用石头铲子刮擦也会使水井加深。

利用雨水的方式有很多,在西澳大利亚西北地区的采金区,人们在黏土层的裂缝里播撒库鲁米种子(kurumi,一种苋科伞形灌木)来保证它们在雨季得以繁衍。他们把石头摆放在河岸上,以此详细记录收获库鲁米时采集、加工和食用的情况。[61] 莫里森还记录了在维多利亚州遇见的其他一些类似的令人迷惑的石头阵列事例,那些或许都是出于同一目的。

来自其他地区的定居者和探险者也留有记录说,他们发现了大型水井系统、绵延数英里的河流改道以及为播种做准备的有计划、按步骤的漫灌。然而,这些水井一旦被发现,它们很快就被绵羊和牧羊人强占了,因为这些水井靠近农田,而农田对绵羊有吸引力,绵羊们一找一个准,简直就是分毫不差。(定居者不是将家畜驱赶到新的区域,他们只要跟在后面就行了,羊自己会找到下一片农田或园地。)

科学家们似乎可以通过研究这些水坝和蓄水系统的起源来证明原住民在其中扮演的角色。对坐落于古老牧场上的水坝进行简单的调查,可能就会发现表象背后隐藏着大不相同的建造技术。巴伯和杰克森(Barber & Jackson)已经将类似的技术应用于北领地的罗珀河(Roper River)，在那里，原住民的水坝在首批欧洲人抵达澳洲之后的不久多次被发现。

北领地埃尔西牧场(Elsey Station)附近的人们建造堤坝来维护鱼塘。这使他们和牧场的主人发生了冲突，牧场主希望这里的水专供他养的牛使用。警察和法院都站在牧场主霍尔特(Holt)这边，原住民们因此遭到了处罚。但是，他们所遭受的最大惩罚当然是失去生产资源和生计。

现在是时候让我们以一个更宽容的态度来审视原住民的储水方式了。在其他地区作进一步的科学调查有可能发现不同地形和气候区中的复杂系统。在一个干旱的大陆上，这些信息是非常重要的，并且可能改变澳大利亚人对原住民的工程、自然保护和劳动分工的认知。[62]

狩猎与务农

比起充满机会主义的野外捕杀，狩猎采取了更为可靠的步骤。一些最早期的探险家注意到原住民在狩猎时实施了各种干预措施。他们看到了矗立在河道两岸的巨大的杆子，猜测这些巨大而坚固的杆子竖在那里到底派什么用途。后来，他们亲眼看到了原住民跨河张开薄网，网的两头拴在两岸的杆子上，用来捕捉野鸭和其他飞禽。人们很快就把网收起来了，免得阻碍鸭子继续沿着水道自然行进。米切尔写道：

网眼大约有 2 英寸宽,悬在离水面不到 5 英尺的地方。在这些荒野中居住的原始村民制造出的需要一定技艺的物品为数不多,其中,他们的渔网和我们自己的网最相近,其质量和打结方式与欧洲生产的几乎没有区别。[63]

牧场主詹姆斯·道森(James Dawson)以及罗宾逊都提到过"猎物驱赶"(game drives)或"大规模驱赶捕杀"(grand battues)的情形,人们将猎物往正前方驱赶 32 公里,来到一个预定地点,将它们杀死。道森说好几个部落协同作战,参与者达 2 000 多人。昆士兰的另一个定居者曾发现一张"50 英尺长、5.5 英尺宽的袋鼠网,是用上好的细绳编织而成的,质量上毫不逊色于任何产自欧洲的网"[64]。

殖民者亲眼见证了原住民把这些网和绵延数公里的灌木篱笆搭配使用,进行大规模的诱捕或捕杀行动。在这个国家的一些地方仍然可以看到那些围墙的遗迹,这些墙呈翼状围住驱赶捕杀的终点场所。在维多利亚州中部的尤罗阿(Euroa)附近,一个巨大的石墙群连接着露出地表的天然岩石。青苔爬满了石头,一些植物学家从这些青苔判断,在早期欧洲定居者抵达澳洲之前很久,这些石墙就已建造好了。这种特殊的围赶方式会把袋鼠从一个辽阔的平原引到山脚下,然后把它们赶进连贯的围栏中。在那里,狭窄的出口会把一些动物从一边送出去宰杀,另一些则被引导到另一边去放生。

与这些驱赶捕杀相关的石制工程以及附近的房屋表明,原住民的劳动力投入已达到令人难以置信的水平,而且已向居有定所迈出了重要的一步,可与以渔栅(fish traps)为代表的康达湖(Lake Condah)和布雷沃里纳原住民的居有定所相当。类似这样的地点尚需作进一步的调查。

有位研究人员声称,位于维多利亚州中部史庄伯吉山脉(Strathbogie Ranges)、靠近尤罗阿驱赶捕杀遗址的花园山脉原住民岩画艺术遗迹,描绘了放养和养殖袋鼠的活动。尽管如此,大多数与这些建筑物相关的工具工坊和建筑本身,仍然没有出现在维多利亚州原住民事务所(Aboriginal Affairs Victoria)考古登记册上。

澳大利亚博物馆的迈克尔·阿彻(Michael Archer)提出了一个将袋鼠用作食物和家养牲畜的方案。他和其他科学家推测,澳大利亚原住民有选择性地捕杀袋鼠对其种群的影响很小,因为他们的目标是成年雄性袋鼠。为了证明这一产业的可持续性,阿彻引用了对南澳大利亚穆林加里牧场(Mulyungarie Station)的研究结果,在那里,8年来每年宰杀1万头雄性袋鼠,结果是每平方公里的袋鼠数量从20只增加到50只。[65]

袋鼠肉脂肪含量低,而且由于这种动物不需要施化学药物,所以肉不含杂质。它们能忍受恶劣的环境,而且它们的脚不会导致土壤表面破碎或被压实,而这两种情况都会导致水土流失。

原住民定期驱赶捕杀袋鼠和鸸鹋的做法表明,可以有一种不需要射击就能选取动物的方法,这种方法可以安抚那些对我们的国徽动物们怀有感情依恋的城市选民。有趣的是,这些驱赶捕杀行动与那些貌似为预测至日而建造的建筑物有关,预测至日是原住民耕种植物所与需要了解的一种知识。

然而奇怪的是,在2008年,为陆克文政府制定应对气候变化政策的罗斯·加诺特(Ross Garnaut)表示赞同袋鼠养殖业是保护土地和减少温室气体的一种方式,因为牛羊造成的污染甚至超过汽车。对此,媒体几乎难掩蔑视的态度。

仍然不相信?

上文所描述的各种类型的活动并非孤例。在澳大利亚,到处都能见到大量从事各种各样农业劳动的人。在库伯斯溪(Cooper's Creek)附近,有个定居者看见了正在平地上收集草籽和根茎的妇女,"密密麻麻的,就像放牧的绵羊一样"[66]。澳大利亚中部的植物学家彼得·拉茨(Peter Latz)是在赫尔曼斯堡布道团(Hermannsburg Mission)活动地区长大的,他描述了妇女收割鳞茎臭草块茎(球根莎草,莎草属莎草科植物)的技巧:"妇女们有时会在一块地的边缘先挖出一条沟,然后排成一行,边往前进边翻地。"[67]许多早期探险家都曾目睹这一活动,并承认这种耕作方法效率极高。

约翰·金(John King)在那次注定要失败的伯克和威尔斯探险中,在一座原住民的房子里发现了一个谷物仓库,据他估计,仓库里存的谷物多达4吨。约翰·戴维斯(John Davis)是搜救伯克和威尔斯小组的成员,他曾报告说在斯特泽莱基沙漠(Strzelecki Desert)库吉库奇纳湖(Lake Coogiecoogina)干枯的湖床上看到大量等待收割的大柄苹籽。他提醒我们,"沙漠"一词是欧洲人用来描述他们不能种小麦也不能牧羊的地区。

阿尔弗雷德·霍伊特是另一队搜救伯克和威尔斯的小组成员,他也发现了大量的大柄苹。昆士兰穆利根河(Mulligan River)上早期的定居者说,原住民们正在收割大量的大柄苹,探险家兼牲畜贩子阿什温是个不太愿意相信原住民的家伙,也发现了两个粮仓,其中一个是稻谷,"大约有1吨,储存在17个大盘子里"。他对这一"美味谷物"的评论是"很遗憾我们拿不走更多"。[68]

人们或许是看到了房屋、水道、丰收的田野和灌溉的实例,但是不出几个星期,有时候甚至不出几个小时,他们就会看到大火烧毁了房屋,牛羊毁坏了田地,水坝也被侵占,供欧洲人使用。

探险者们的日记里满是他们看到原住民利用土地的种种证据时的惊讶之情。除了沃尔特·史密斯、比尔·哈尼(Bill

Harney)[69]和其他人曾记录的块茎植物、谷物和鱼之外,探险者们还描述了原住民驱赶、包围、捕捉各种幼小水鸟的情景。[70]

不计其数的评论者都说自己遇到过人们将鱼、猎物、李子、毛虫、飞蛾、框档果、无花果、谷籽、坚果和其他各种各样的食物进行加工并保存的情况。加工过的毛毛虫被做成一种粉状物;无花果和框档果打碎后混合成一种类似楹桲糊的东西。

约瑟夫·班克斯(Joseph Banks)爵士不喜欢澳洲香蕉(小果野芭蕉),但人们所吃的是在滚烫石头上烤熟的香蕉树茎秆,它吃上去像未成熟的香蕉。而且这种植物被切断的茎秆上很快就会爆出嫩芽。[71]

柯比和贝弗里奇发现了大片大片的香蒲草地,瓦提瓦提人正在收割和培植这些香蒲草。"那些苇草看起来像大片成熟的小麦;稍微靠近一些的地方是他们曾经放火烧过的土地,那里呈现出一派庄稼结穗之前的景象,非常壮丽。"[72]这是一个管理良好的农耕系统,并形成了一幅欧洲人所熟悉的景象。

柯比描述说,由这种蒲蓬(香蒲,或称水蜡烛)做的餐食吃起来与面粉或土豆非常相似。[73]米切尔说,用香蒲粉做的糕饼"比普通面粉做的糕饼更松软、更甜"[74]。在天鹅山附近生长着这些香蒲草的沼泽地里,人们堆起了一个个巨大的土丘,这样村庄就可以建在沼泽地里的要害位置,方便打理这种珍贵植物的收割。刚到这个地区的时候,柯比和贝弗里奇都对这些巨大的土堆以及它们冒出的蒸汽感到很好奇。在仔细察看之后,他们发现这些土堆其实就是一个个巨大的烤炉,用来烹饪香蒲。[75]

米切尔注意到了"当地人高耸的灰堆,这些灰堆主要用来烘烤'耙梁'(或称香蒲)"[76]。他记录自己当时非常惊讶地看到有如此大量的淀粉产出。

如果食用这种植物新鲜的根部,那就像你吃过的最新鲜、最爽脆的蔬菜沙拉。探险家艾尔、克雷福特和乔治·摩尔(George Moore)都提到过香蒲淀粉在这片大陆上的重要性。

贝弗里奇在晚年回忆起瓦提瓦提人的许多趣闻传说,尽管他的笔迹令人不忍卒读,而且还是写在其他印刷品上的,但这些故事的惊人之处在于,它们的主题大都是种植、饲养、收割和储存。祖先们为庄稼的养护和劳动果实的分享都留下了说明。有些传说给的说明非常详细,甚至还给出了食谱。[77]

在天鹅山附近,流传着巴拉洛克巨石传说,在这个传说中我们可以看到食用眼斑冢雉蛋的详细说明:

> 维奇蒙布(Weithmumble)把所有的蛋都弄到之后,那个信使就开始生火了。他用一根细条状的滨藜在一根松木的晒裂缝中反复摩擦来生火。只需快速摩擦几分钟就可以着火,营火很快就生了起来。他们把眼斑冢雉蛋竖在火堆前面的沙子里,得到加热的那半截很快就煨熟了。然后他们在蛋的上端敲出一个缺口,用细树枝伸进去搅拌。烤熟之后它们呈现出黄色的糊状,仅仅用好吃已经不足以来

形容它的美味了。[78]

德国传教士约翰内斯·鲁瑟（Johannes Reuther）在南澳大利亚基拉帕尼纳湖（Lake Killapaninna）就曾同样生动回忆过马坎安库拉（Markanjankula）祖先的故事。格里森就引用了其中的一段话：

> 起初，他来到阿鲁沃尔坎塔（Aruwolkanta/warangankana），在那里他发现了一片美丽的平原。于是，他清除了所有的杂草和石头，翻地松土，种上一些大柄苹，然后盖上一层土，这样，一旦洪水漫过这片土地，大柄苹就会发芽。[79]

这个传奇故事还提到，马坎安库拉人会播撒种子、挖掘种子坑。

就连基拉帕尼纳湖的名字"Killapaninna"里似乎也含有关于收获粮食的词，拼法各异，有的拼成"帕纳纳"（pannana），也有拼成"帕拉拉"（parrara）的。现在虽然很难在地表找到证据，但它却仍然蕴含在语言中。

也许不是所有的原住民都参与了这样的活动，但如果探险者们和第一批目击者的证言可以采信的话，大多数澳大利亚原住民当时最起码已处于早期阶段的农业社会，而且可以说领先于世界上其他许多地方。

德纳姆等人在《文物》(Antiquity)杂志上撰文道:"如果大薯蓣的传播发生在新几内亚和澳洲大陆分离之前……那么至少1万年前,原住民就已在北澳大利亚尝试进行园地栽培了。"[80]

20世纪早期的澳大利亚人类学家、考古学家、昆虫学家和民族学家诺曼·廷代尔在考察了原住民的灌溉、园地栽培以及能够使这些活动得以实现的石器工艺之后,估测这种碾磨工艺大约有1.8万年的历史,如果这是真的,那么这将改写世界农业的历史。[81]

我在偶然看到廷代尔对澳洲土著生产工具所作的估测时,感觉他的观点似乎与此前学术界就这个问题发表的看法很不一致,我也几乎找不到什么可以支持他这种观点的东西。然而在过去的10年里,人们的看法已经发生了改变,廷代尔的结论也不再那么离谱了:

> 那种磨刃石斧……应该是在澳洲被造出来的……随着刀刃磨砺和石斧成形技术(比如凿)的年代被倒推得越来越久远,它们显然是在更大的萨胡尔大陆①内部扩散开来的,而不是远渡重洋流传到现在的澳洲大陆的。[82]

---

① 萨胡尔大陆(Sahul Land),它是曾经连接澳大利亚和巴布亚新几内亚的大陆块。——译注

石制工具的研究在澳大利亚经常是被用来证明某种理论的。虽然我们应该谨慎对待廷代尔的理论,我们在接受当下一些考古学家的观点时也一样要抱谨慎的态度,他们认为原住民的石器技术大约在4 000到5 000年前经历了一个飞速发展或集约化时期。经过测试,人们发现澳洲许多复杂工具的年代都比这要久远得多,这似乎反驳了那种认为技术的集约化是4 000年前才始于澳洲的观点。

重要的是,澳大利亚国立大学的苏·奥康纳(Sue O'Connor)最近在西澳大利亚州开展了一项研究,结果发现了一把刃部磨制过的石斧,已有近5万年历史,这很有可能是世界上同类石斧中最古老的一把。[83]当诺曼·廷代尔指出情况有可能就是如此时,他遭到了别人的嘲笑。但是现在看来,我们似乎应该抛却原住民技术低劣的假定,而重新审视审视他们的技术。

研究原住民使用的工具就会发现,他们的工具非常契合其经济情况,这不足为奇。但研究发现,原住民的技术与作物利用的关系其实比人们以前所认为的更为密切,这一点却是具有启发意义的。因此,必须作进一步的研究,以便我们理解原住民如何与植物相互作用,了解他们在多大程度上驾驭着这种关系。他们是偶然地利用了植物吗?还是与农业活动有更紧密的关系?本书后面的例子将揭示原住民为了追求高产和稳产而开发的方法和技术。

我们正处在理解殖民地时期前澳洲历史的起点,而不是终点。最新的考古研究表明,原住民定居这片大陆的年代非常久远。韦德·戴维斯(Wade Davis)在分析早期原住民定居澳洲大陆的证据时,采纳的是6万年前这个数字,那是现代人开始走出非洲的年代。如果是这样的话,那么人们普遍接受的"原住民6万到6.5万年前定居澳洲"这个观点就让我们成为首批——如果不是第一个——走出非洲大陆的人。[84] 如前所述,最近的一些发现甚至把这个时间又往前推至8万年之前。

每个月都会有新的考古信息公布于众。正如我们所见,瓦南布尔(Warrnambool)堆肥古迹的年代大约是在6万—8万年前,卡卡杜一处遗迹是在6.5万年前,南澳大利亚州最干旱地方的一个洞穴表明原住民定居大约已有5万年了,这比之前认为原住民定居澳洲的时间要早得多。[85]

环境科学家A. P. 克肖(A. P. Kershaw)强调,有必要进一步研究古代原住民对澳洲植物群落和地貌的影响。他对820号遗址进行调查,目的就是研究人类在昆士兰的出现。他声称:"现已掌握的证据大部分都表明,原住民放荒烧地最可能是导致植被变化的原因……这意味着人类已经在澳洲大陆至少存在了14万年。"[86]

显而易见,这种说法是有争议的,但孢粉学家古尔迪普·辛格(Gurdip Singh)在早先在堪培拉附近乔治湖进行的花粉核研究表明,类似的活动导致了土地利用的突然变化。辛格提出,植被的这种巨大变化是原住民火耕带来的结果。在一份未发表的手稿中，埃里克·罗尔斯讨论了这些发现，并暗示人类可能很早就来到了澳洲大陆。

"火耕"最早由考古学家里斯·琼斯（Rhys Jones）于1969年提出，但是后来的研究又增进了人们对原住民土地使用情况的了解，并为探险者的观察发现提供了证据。这表明原住民朝着农业活动方向发展的轨迹可能比我们目前认为的更早。令人关注的是，琼斯在40多年前选择用"耕作"（farming）一词来形容这种活动。

海洋考古学家彼得·罗斯（Peter Ross）对墨累河下游和库荣湿地（Coorong Wetlands）的捕鱼陷阱进行了研究，琼斯由此得出了结论：

> 曾经被认为是全新世（Holocene）后期强化导致的适应性变化，被发现早在更新世（Pleistocene）就已经在某些地区开始发生了。随后，澳大利亚的考古学家目前正在重新审视那些似乎与大陆叙事不一致的区域性发现。[87]

在"大陆叙事"中，不同民族经济情况的变化是由外部力量引起的，比如环境的变化，而不是像人类学家哈里·卢兰多斯（Harry Lourandos）所假设的那样是社会变化产生的结果。这种技术和行为的加速变化被考古学家称为"集约化"。

世界各地的科学家都认为，人类开始建造工程和尝试农耕大约是在4 000年之前,工具的发展自然与这种变化有关。然而,澳洲的证据表明,这些变化在这里开始的时间可能比这早得多。

哈里·卢兰多斯说:"'资源丰富的'农耕者和'沉寂的'狩猎者之间传统的区别已经不再适用了。"检视过去,我们就会发现,人类不是"被动地适应不断变化的自然环境,而是积极参与多种复杂的交互作用——包括社会的、环境的和人口的"[88]。原住民并不是回应自然状态,而是直接影响自然的生产。"原住民对土地的耕作在很长一段时间里一直在发生变化并不断扩展。过去206年所发生的新变化不过是那已绵延数千年的传统的一种延续。"[89]

未来的澳大利亚农场

农耕者在土地保护方面一直都是至关重要的,他们对土壤的保护也一直比他们的大多数批评者更务实,但正是对欧洲植物和动物引进的依赖才导致他们与这片大陆出现最大的矛盾。

如果我们不再仅仅是依赖养羊和牛,而是走多样化的道路,也饲养鸸鹋和袋鼠,会发生什么情况呢?研究员戈登·格里格(Gordon Grigg)认为:

> 放牧者已经把羊放在比袋鼠(和其他食草动物)更高的

地位，而且放牧强度太大。如果他们能从袋鼠身上赚钱，如果袋鼠得到接受，在经济上成为他们混合畜牧系统积极的组成部分，那么，他们至少可以有一个选择，即在减少养羊数量的情况下保持经济活力。[90]

袋鼠作为一种资源被接受的障碍之一是所有权问题。正如格里格所说，"自然资源保护主义者关心的是将野生动物的所有权交给普通公民的原则。牧民则担心他们没有这种我认为他们应该依赖的资源的所有权"[91]。利用那些已经适应了我们的气候和地理环境的动物，并因此减少对它们的损害，应当成为澳大利亚严肃的生态和经济辩论主题。

同样，如果我们尝试种植一些土著农作物，而不是来自亚洲和欧洲的那些用水多又容易生病的农作物，那会发生什么呢？在研究了原住民种植薯蓣雏菊获得的收成后，就很容易想象种植马铃薯的农场主把部分土地用来改种薯蓣雏菊从而不需要使用化肥和除草剂的情景了。

木秤（或称薯蓣雏菊）又甜又脆，其代谢糖分的方式比当前许多经济作物都更有利于我们的健康。在烹饪过程中产生的汁——用华沙荣语说就是米奶（minne）——颜色黑但味道甜，你可以想象它与咖喱非常相配。大多数澳洲本土谷物都不含麸质，也不需要大量的化肥就能成功种植。一门心思饲养羊、牛和种植小麦的农场主必定无动于衷，但是更具冒险精神的农耕者

第1章 农业

米契尔草,2010年摄于新南威尔士北部
地区的布雷瓦里纳(林恩·哈伍德供稿)

可能会乐于接受这一挑战。

　　罗尔斯(Rolls)谈论起卷叶米契尔草(米契尔草属)的优点来就滔滔不绝,这种草有6英寸长的穗子,里面充满干净、结实的谷粒。阿彻敦促我们也考虑一下澳洲黍米(米契尔本地黍米)和本地野燕麦,而奇弗斯的研究成果也促进了对本地稻谷的研究。研究人员认为,原住民当作物收割的澳洲禾草有140多种。古兰迪·蒙吉(Gurandgi Munjie)食品集团参与了谷物和木秋的田间试验,这促进了其他禾草的发现,如原生燕麦和本地高粱,这些植物对促进澳洲的饮食和经济有着巨大的潜力。

到目前为止，这些谷物还没有打开市场，但我敢打赌，在任何一个城市的市集摆个摊位，都能把这些谷物制成的面粉以高价卖给全营养食品爱好者。市场是由企业家创造出来的。就当是找点乐子，留出几个牧场，如果没有利润我就把我的靴子吃了。

阿彻列出了一系列已适合产业化的灌木果和植物。我们似乎非常喜欢金合欢籽和柠檬香桃，但也为一些优秀的厨师和天然健康食品店提供其他一些顶级农产品，并见证着澳洲逐渐改变了其饮食文化，发展名副其实的澳洲菜系。

阿彻指出，农业用地（占土地总面积的70%）的土壤退化与仅占用0.02%土地的采矿业所造成的土壤退化差不多。他认为，采矿业以相对较低的成本获得高产量，而农业是一种高成本、低产量的作业活动。我们为保护土地所作的任何努力，最好都用来鼓励农民开展更多对土壤有利、保护河坝的活动。澳洲必须继续生产粮食，而农民是这项事业的核心和灵魂，但是还必须找到更好的方法来耕种澳洲的沙质土壤。

土著作物的最大优点是：它们是在澳洲恶劣的条件下通过选种、直播种植和去除杂草而培育得来的。许多谷物生长在沙壤里，只需要最低限度的灌溉。好消息是，农村工业研究和发展公司一直在研究其中的一些谷物，以期将它们纳入澳大利亚现代农业的范畴。

拉茨说:"沙漠植物的营养价值与栽培谷物相当,甚至更好。"[92]这些本土植物有望为国家带来巨大的经济收益,我们未来的繁荣需要我们对它们予以认真考虑。

第 2 章

水产养殖

早在第一批殖民者到来之前,水产养殖在澳洲就已经相当完善了。本章中的实例展示并详述全国各地原住民在食品生产过程中的介入方法。例如,詹姆斯·柯比在天鹅山附近看到过自动捕鱼装置;科拉克的第一个欧洲定居者休·默里(Hugh Murray)在科拉克湖偷盗了科里杨(Colijan)渔网,很喜欢网里银鱼的味道;传教士约瑟夫·奥顿(Joseph Orton)亲眼见证了科拉克人抓捕银鱼的场景,他还注意到欧洲人用玻璃珠和镜子赔还他们从网里拿走的鱼,科拉克人对这些东西嗤之以鼻。任何人只要看到康达湖,就能清清楚楚看到该湖的水产养殖体系;而托马斯·米切尔也在布雷沃里纳见到了达令河上巨大的渔栅,有人声称这是地球上最古老的人工建筑。

在维多利亚州西北部位于泰恩德天鹅山的原住民定居点,安德鲁·贝弗里奇看到墨累河上的原住民使用带有芦苇浮标的拖网将渔网保持在水面上,用黏土制成重物将另一端固定在水底。这种重物像砖一样在火里烧过。原住民就这样捕捞上来很多鱼,其量之多令贝弗里奇感到惊讶。在这条河的其他地方,用石头、灌木和木桩做成的永久性栅栏呈之字形横跨在河上,鱼可以从栅栏上的缺口通过。每次需要捕鱼时,渔网就被固定在这些栅栏上。[1]

贝弗里奇还提及一系列横跨墨累河河漫滩的堤坝,这些堤坝的作用是防止泛滥平原上的水在夏季迅速消退,从而确保鱼类资源能留存下来。这些堤坝用大量的黏土筑成,有1米多高,沿着河流一直延伸到芦苇丛生的平原。围堰里温暖的浅水非常适宜养殖鱼类。[2]

在西澳大利亚州的西南部,根据杰西·哈蒙德(Jesse Hammond)1860年左右的描述,蛇形河(Serpentine River)上的巴拉加(Barragup)鱼梁是这样的:

柳条编成的篱笆横跨小溪,完全把小溪给堵实了,只在中间留了一个小缺口。两排平行的木桩被敲进河床,这样透过这个缺口就形成了一条水道。水道的底部填上了灌木,灌木上面畅通的流水大约仅为8英寸深,好让鱼从这里游过。水道的一边建了一个平台,平台上面水深大约2英尺6英寸。当这些鱼顺着水道游过的时候,土著人就站在

这些平台上捕鱼。³

在这个国家的另一边,靠近维多利亚州的普鲁贝特(Purumbete),特拉卡·克拉克(Trakka Clarke)向我展示了一个几乎相同的构造物。推测起来,这一设计已经顺着部落之间文化和经济的灵歌之径①传遍澳洲大陆。

特制的渔网同样在全国各地都有使用,用于捕捞特定的鱼和小龙虾。制作这种网需要娴熟的技能和耐心。有些渔网是经验丰富的织工花 3 年时间才织成的,长达 270 米。斯特尔特在达令河上看到了一张长 90 米的跨河渔网,"工艺非常精湛"⁴。休姆在达令河那里也看到了复杂精细、规模宏大的渔网编织景象。

马克斯·哈里森(Max Harrison)大叔描述了贝玛圭(Bermagui)附近海湾里的一个巨大的渔栅。这个渔栅是由巨大的卵石搭成的,原住民把长杆绑在这些石头上,然后用这些长杆把石头移动到合适的位置——满潮时,潮水提供了自然浮力,有助于移动这些巨石,从而堆砌成堤壁,但现在这一构造已经被淤泥所覆盖。到目前为止,这个不可思议的捕鱼系统几乎没有受到关注。当地的尤因人正在呼吁政府对它重新改造,以此为他们的年轻人创造就业机会。这个项目不仅仅在于重建这个渔

---

① 灵歌之径(songlines),也称梦幻小路(dreaming track),是澳大利亚原住民万物有灵论信仰体系中横穿澳洲大陆的道路。对原住民而言,它们是"祖先的足迹"或"智慧传承之路",是澳洲的"造物者"在梦幻时代游历整片大陆时走过的路。——译注

栅,也能够促进渔业和旅游业的发展。

罗宾逊提及了另一个异常成功的捕鱼作业法——潘布拉(Pambula)渔栅。

尤因人在博伊德镇(Boydtown)也从事捕鲸,就在伊顿(Eden)的南边,人们采用欧式工具和船只,将其纳入已运作数百年乃至数千年的传统捕鲸法。[5]同虎鲸进行仪式化的互动之后,这些哺乳动物会将较大的鲸群赶到港口。在那里,鲸鱼将被驱赶到浅水区,任由尤因人捕获。尤因人随后会分享盛宴,不仅与邻近的部族共享,而且也与虎鲸们共享,把鲸鱼的舌头分给它们。

尤因人通过某种仪式与虎鲸建立了这种互动关系,在这个仪式上,一个人在海滩上点燃两堆火,假装自己老态龙钟地在两堆火之间跛行。尤因人相信这能促使鲸鱼同情人类,并把更大的鲸鱼带到海湾供其使用。首批欧洲人到来后,他们与尤因人联合起来继续用这种方法捕鲸很多年。不幸的是,有个欧洲男人射杀了领头的虎鲸,人类和鲸鱼之间的这种联系在那一瞬间被打破了。

福斯德·法恩斯(Foster Fyans)是一名治安法官,他在吉朗(Geelong)曾看到原住民和海豚一起合作捕鱼,海豚把鱼赶到岸边。据记载,在莫顿湾(Moreton Bay)和澳洲其他许多海滩,人类与动物也有类似的关系。[6]

全国各地都有各种各样捕鱼方法的记述。其中约翰·麦克

72　道尔·斯图亚特(John McDouall Stuart)在这个国家最艰苦的地区遇到了在篱笆渔栅里捕鱼的人。[7]

维多利亚州西南部康达大型鳗鱼汇集系统肯定是历经好几个世纪才变得如此完善的。这里石头是现成的,但数量太多了,原住民不得不在其中建造大高架桥,穿岩破土,建成沟渠——即使在今天,使用现代机械,这仍然是一项伟大而艰难的工程。

布雷沃里纳

新南威尔士州西北部的布雷沃里纳捕鱼系统是一个大规模捕鱼作业的例子,也解释了维持渔业需要哪些经济和社会组织。

布雷沃里纳渔栅的捕鱼场景(参见第70—71页的描述)(动力博物馆供图)

这个渔栅系统非常古老,以至于当地的原住民嫩巴人(Ngemba)把它的建造归功于造物主拜阿密(Baiame)精灵。要获得更多关于这一令人难以置信的建筑物的信息非常困难,但在2012年悉尼的一次原住民语言会议上,我遇到了布拉德·斯特德曼(Brad Steadman),一位来自布雷沃里纳的长老。他听说我对这些渔栅感兴趣后,给我讲了一个传说:

> 那种叫"嘣咕拉"(Bunggula)的乌黑石鲈(淡水黑鲷)被从水里捕捞出来的时候会发出咕噜声。鱼背上的鳍棘是拜阿密老人家在水潭猎杀它时投掷的长矛。鱼逃走了,飞速甩动尾巴时,冲出一条通道,溢满了水,于是就成了河。但是这片土地干涸了,袋鼠消失了,植物也枯死了,而且发生了一场大旱。老人家带着他的狗和儿子们回来之后,说干旱是因为人们不知天道,也不知河流的名字。他告诉他们该唱什么歌、跳什么舞,雨才会再下,一切才会变成现在这样。

这条河应该只有5 000年的历史,但是在老人们古老的故事中,那些岩石(火山岩)一直都在那里。当嘣咕拉从老人家的长矛下逃脱的时候,它翻起了那些石头。是老人家告诉人们如何把那些石头排列成今天的样式。

19世纪初亲眼看到这个捕鱼系统如何运作的人惊讶于这些渔栅的效率,惊讶于当地人为了既保留足够的种鱼又能捕获大量的鱼所付出的种种努力。内陆河沿岸有很多人生活都依赖于渔栅,而布雷瓦里纳渔栅只是数百个此类捕鱼系统中的一个。其水道和蓄鱼塘工程可谓匠心独运,这个构造经受住了经常性的洪水冲击,令观察者大为惊叹。原住民用石头设计了锁闭系统把渔栅固定在河床上,拱门和拱顶石是能让渔栅得以加固的两个要素。[8]

当我到访布雷瓦里纳小镇时,布雷瓦里纳原住民博物馆的馆长迫切地想知道,每年有5 000多人前来参加这个捕鱼盛事,要满足这么多人的伙食,后勤保障是如何做到的?(原住民把磨好的面粉储藏在多处,都被早期探险者一次次偷走,这些面粉原本很可能就是为此类盛事做准备的。)

从统计数据中很难得出结论说"布雷沃里纳渔栅是地球上最古老的人工建筑"。只有寥寥数篇文章描述了这些渔栅,其中一篇是根据巴里·赖特(Barry Wright)1983年在新南威尔士原住民健康大会上宣读的论文写成的,仅3页纸。有个考古小组经过计算,认为布雷沃里纳渔栅有4万年的历史,但考虑到他们的分析方法,所得到的被认为是最保守的结果。[9]这些渔栅因其足够古老而被列入了国家和州遗产名录。

在1994年的调查中,珍妮特·霍普(Jeanette Hope)和加里·维恩斯(Gary Vines)推测,这些渔栅最有可能是在低水位时期建造的,那有可能是在1.5万到1.9万年前,也可能只是3000年前。[10]但不管怎样,这些渔栅都非常古老,算得上人类最早的建筑了。

布雷沃里纳原住民博物馆让我对现有的研究有了大致的了解,引领我前去仔细观察渔栅和博物馆展品。从展现在用渔栅的最令人震惊的一张照片上可以看到,两个年轻的嫩巴人正从渔栅里捉鱼。其中一条鱼几乎有1米长,那鱼的燕尾非常独特。从那时起,就再也没有记录说这条河里有这种鱼了。毫无疑问,为了给明轮蒸汽机船开辟航道,达令河的河道发生了许多改变,许多地方还筑了坝,这些已经干扰了不止一种鱼类的生命周期。斯特德曼告诉我照片上的鱼叫"嘣吉"(birrngi),是一种现已消失的刺鲷鱼(见第68页上的图片)。

这些渔栅的设计还能让种鱼群通过,以便上游的渔场也能够分到一杯羹。这个捕鱼体系中的某些鱼塘专由某些特定的家族管理和使用,但那些家族有责任保证其所在地上游和下游家族和水系都获得鱼的供应。这是一个综合性的可持续的系统。

历史学家彼得·达金(Peter Dargin)在1976年为布雷沃里纳历史学会写了一本关于渔栅的书。该书如同宝藏一般,因为它将嫩巴人的信仰体系与当时所能获得的最全面的技术数据熔为一炉。正是达金对R. H. 马修斯(R. H. Mathews)的说法作了一番解释,他说,原住民的捕鱼系统将巨石加以固定,以防洪水把它们冲走。要更深入地了解嫩巴人的工程技术,我们需要更加详细的信息。

达金的书中有不少殖民初期流传下来的精彩的图画和照片。考虑到较后时期流传下来的一些照片展现的都是一个因明轮蒸汽船航道以及为举行划船比赛、修建可涉水而过的通道和道路整田平地而遭受破坏的系统，达金的这些照片对我们理解澳大利亚的水文情况是至关重要的。

这本绝妙的小书是这个古遗址的唯一捍卫者。这本书只有区区 70 页，是用骑马钉装订的，装订处缠上了电工胶布，盖住了钉子。书的封面是黑白的，白色的书名反衬以黑白底图。要出一本比这更便宜的书是不可能的。感谢彼得·达金和布雷沃里纳历史学会；没有他们，布雷沃里纳渔栅古迹就可能无法被记录下来。

彼得·达金所著《达令-巴尔汶河上的原住民渔栅》书影

鲁珀特·格里森也写了一本重要的著作，装订方式差不多，但是由于澳大利亚人对此不感兴趣，这本书只得在伦敦出版。他和达金的作品都表明，澳大利亚对原住民文化采取了漠不关心的态度。

关于原住民的技术还有很多需要了解，如果布雷沃里纳渔栅是最早的人工建筑这一说法得到了研究的证实，那将是非常重要的。我希望我们不用再等待220年就能找到答案。

早期拍摄的布雷沃里纳渔栅照片（亨利·金供图）

康达湖和西区

逃犯威廉·巴克利（William Buckley）在1836年之前曾到

过康达湖的渔栅处,对这些渔栅围住的鱼数量之多大为赞叹。他在菲利普湾港(Port Phillip Bay)以西的小溪流上还看到了好几处渔栅。[11]

巴特曼开始冒险进入维多利亚州时,在经过的所有河流上都看到过渔栅。这些捕鱼系统的独创性令巴特曼非常佩服,他也将渔栅与固定住所之间的关系记录了下来。[12]

莫里森在其描述原住民石头阵列的手稿中引用了道森关于此类渔场的回忆:

> 博拉克湖(Lake Bolac)是西区最著名的地方,因为那里的鳗鱼质量好,数量多。当秋雨使这些鱼离开湖泊、顺流而下游入大海时,土著居民们从很远的地方聚集到这里,每个部落都分到了一部分溪流。他们以家族为单位,通常用石头筑栅,并在渔栅的缺口处放一个拦截鳗鱼的篓子。[13]

莫里森记录了维多利亚州西区的许多渔栅,以及维多利亚州考古调查局(Victorian Archaeological Survey)对这些渔栅断断续续所做的考查情况。尽管许多渔栅已毁于农业以及岩石采集——这些岩石被收去用于建造围栏、打造庭园或用于商业用途,在泰朗波姆湖(Lake Terangpom)地区随便走走,仍然可以看到巨大的路堤。在那里,人们曾经用渔网和鱼梁把鱼围住,给此处多属定居的人口提供营养。在这个捕鱼系统边的小山上有一棵古老的苹果树，这棵树一定是由欧洲定居者种植的，他们为了获得这片土地的所有权不择手段。那些吃苹果的人现在已经远去，他们当年只是心血来潮才在此安顿下来。

在拿泊湖(Lake Gnarput)、科伦加迈特湖(Lake Corangamite)、普朗比湖(Lake Purrumbeet)湖和科拉克湖，人们经常可以见到方形渔栅，用来把鱼群拦住，但几乎没有人对这些捕鱼系统做过研究。然而，人们对附近米兰戈湖(Lake Milangil)被有袋类动物踏出的古道已进行了大量研究。这些不同寻常的遗迹很有可能成为世界上最古老、最大的古道。巨型袋熊和其表亲、体型较小的当代袋熊以前似乎在这个地区曾经共存。1公里之内说不定就隐藏着人类所留古道的考古宝藏，无论从哪方面讲，这都是非常令人着迷的。

幸运的是，总有那么一些人会自找麻烦。那些人用自己的才智撕开了澳大利亚人贝叶挂毯①的接缝，揭示胜利者试图掩盖的东西。莫里森的好奇心促使他几十年来走遍维多利亚州西区。他将维多利亚州考古调查局研究所得的石头阵列的数据绘制成图，其中一些遗迹虽被列入国家遗产，但后来却毁于农耕、恶意破坏或愚昧无知。在所有痕迹都被抹去之前，我们必须对

---

① 贝叶挂毯(Bayeux tapestry)，又译巴约挂毯，现保存于法国诺曼底大区巴约市博物馆，长68.38米，宽0.5米，是一幅以亚麻布为底的刺绣作品。创作时期大约在1067年左右，表现的是1066年法国诺曼底公爵威廉率领军队横渡海峡、在黑斯廷斯大战中战败英王哈罗德并夺回他认为原属于自己的王位的历史故事。用在此处是指欧洲人将他们入侵原住民的澳洲这一事实"包装"成一个"英雄故事"。——译注

于原住民渔场的岩石建筑体以及相关的房屋进行调查研究。

康达湖的一些渔场遗址遭受了严重的破坏,起因是当时的澳大利亚总理约翰·霍华德(John Howard)恐吓农场主,让他们认为"原住民土地所有权主张"会把他们全都给毁了。鉴于大量原住民遗址已经被欧洲人肆意破坏,莫里森所做的目录和图表就是极有价值的档案了。

甚至在撰写本书的时候,一台巨大的压路机正在西区的牧场上碾碎火山石。从一个层面上看,这只是简单的牧场改良;但从另外一个层面上看,它却是对遗产的破坏。压路机的操作员"只是按照命令行事",但换作是在巨石阵或复活节岛上,他是不会被允许这样做的。

最早到达这里的欧洲人见证了这些捕鱼系统被破坏的过程。原住民监护人威廉·托马斯(William Thomas)看到过许多水产养殖系统,但报告说,其中的大多数在欧洲人抵达后没几天就被摧毁了。其中一个这样的系统属于菲利港(Port Fairy)附近的一个特别大的村庄,村庄里有 30 多座房屋,可容纳 200 至 250 人左右。整个村庄被烧毁,渔场的水闸也被摧毁。[14]

另一个系统,如维多利亚格兰扁附近图隆多(Toolondo)的定居者所看到的那样,凭借一条 3.6 米宽、逾 1.2 公里长的水道连接了两片沼泽。捕鱼平台环绕着整个系统,每个部分都归属于一个特定的家族。

苏·韦森(Sue Wesson)在《维多利亚东部和新南威尔士远

东南部原住民的历史地图集》(*An Historical Atlas of the Aborigines of Eastern Victoria and Far South Eastern New South Wales*)中引用了卡莫迪(Carmody)对原住民在墨累河捕鱼行为的观察结果：

> 尤其在举行部落间的大会时，人们会使用渔栅为与会者提供鱼类食物，墨累河上游是定期举行这些大型集会的中心之一。为了确保参会的部落都有充足的鱼类供应，他们会提前12个月用一块特殊的拱顶石封住出口，只允许小鱼通过，而阻止成鱼游出去，以备日后"捕取"。此外，周边的乡野将不受干扰，以保证在会议期间野味的供应。[15]

格里森将这些捕鱼系统和它们支撑的经济体系与在北美洲西北太平洋地区河流上发现的类似系统进行了比较。这一地区的原住民被认为是拥有集约化粮食生产和复杂社会结构的种族之一，因此可以认为他们已经走出了单纯依靠狩猎和采集的生活方式。[16]

不愿承认殖民地人民拥有精心设计的渔场，进而贬低他们对这片土地拥有的主权，这并非是澳大利亚独有的做法。美国和加拿大的研究人员对北美原住民使用的捕鱼系统已经知晓数百年了，但直到最近10年研究人员才发现，加拿大的原住民原来一直都通过建造离海滩更远的岩堤来扩展现有的蛤蜊埕。

朱迪思·威廉姆斯(Judith Williams)描述了原住民对现有资源不断扩展的方法，她是此方面海水养殖研究的开拓者之一。她说这种方法"不断扩充现有养殖场，是所有畜牧业的基石"[17]。

当地的原住民早已了解这些蛤蜊"花园"，有时候仍然在使用它们，但威廉姆斯惊讶地发现，不列颠哥伦比亚遗产保护部门从未查验过这数百处经过改造的遗址，而且在经过私人考古分析之后仍然拒绝查验，仅仅是因为原住民历史"文献中没有记载"[18]。

考古权威人士坚持认为，美洲原住民充其量算是复合狩猎采集者，说得难听一点就是"富有的拾荒者"，"没有能力发展与农业社会相关的先进文化"[19]。当时盛行的正统观念就是"狩猎采集者被认为对土地仅仅拥有极其短暂的所有权"[20]。

要揭示原住民社会集约化特点另一个障碍是，蛤蜊园是由妇女和儿童建造并打理的——而男性考古学家从未想过要去了解这方面的知识。即使在一些独立科学家对蛤蜊园的工程技术进行了研究之后，人们依然不愿意接受研究结果。在"专家"们看来，早期的考古学家不可能忽视如此重要的建筑物。

然而在澳大利亚，类似的建筑物以探险者和定居者日志或日记的形式**存在**于文献中。在《澳大利亚与农业的起源》一书中，格里森问道：在承认澳大利亚原住民和托雷斯海峡岛民拥有这种发展轨迹方面，我们为什么会如此缓慢？

对澳大利亚的历史进行更深入的考察，不仅是承认原住民对土地的优先所有权，对澳大利亚农业研究和鱼类物种保护来说也是非常重要的一种探索。

在维多利亚州西区捕鱼系统捕获的鱼中有一种是银鱼（南乳鱼属），那可是原住民已经养殖了数千年的鱼类，原住民称之为"吐喷"（tuupuurn）。[21] 默里刚到科拉克时，到乡下短短几个小时就偷了满满一网这种小鱼。他对银鱼肉赞不绝口，但在接下来的几年里，他召集邻居们把土地从银鱼赖以繁衍的水系原主人那里夺走，而借此发了财。农业和工业对湖泊造成了破坏，污染了它的栖息地，银鱼就此消失。

维多利亚州考古调查局在20世纪90年代末考察了康达湖的石头阵列之后，宣布它们不可能是住宅遗址。尽管早期到达此地的探险者和殖民者曾对此类房屋进行过生动的描述和绘图，情况仍然如此。同为考古学家的希瑟·比尔斯（Heather Builth）对这种草率的调查持批评态度，于是她自己开始了全面的研究。

这些水道**看起来**像是人为建造的，但专家们不相信它们能在水文方面发挥什么作用。分布在河堰周围的建筑物**看起来**像是圆形的小房子，但是关于这些建筑物因何而起的猜测五花八门，有人猜测说是传说中的红木船（Mahogany ship）的幸存者建造了这些房子。红木船是20世纪初在菲利港附近被发现的一艘神秘沉船。人们认为当地的原住民所掌握的能源和工程知识还不足以建造它们。当这一系列建筑在20世纪70年代被洪水淹没时,研究人员惊奇地发现,洪水能够平稳地进入建筑群的各个部分,而且当洪水退去后,这个建筑群中的池塘非常适合把鱼困住。

与加拿大的朱迪思·威廉姆斯一样,比尔斯知道只有科学才能说服怀疑者。她对房子样的建筑里的每一块石头进行了称重和测量,并对测得的结果加以分析。她认为只有人类才能够制造出如此复杂的东西。所以,如果这些是房子的话,如果这些水道是一种捕鱼系统,那么在这个小镇上大约有1万人过着定居生活。

比尔斯意识到类似的构筑物在整个西部地区随处可见。到底是怎么回事呢?她认为,如果有这么多的人住在那里,那么他们对食物的需求会非常大,因此这个小镇必须得有某种形式的食物储存方法。

于是,她开始转而研究其工作区附近那些中空的树,马上就确定了树洞被用作了壁炉。她对其底部的土壤加以分析,发现其有鳗鱼脂肪的成分。这些木质管道在很长一段时间里被用作烟熏房。比尔斯推测,大量的熏鱼很可能是用这种方式加工的,而且这些熏鱼很可能是当地人与新南威尔士州、南澳大利亚和维多利亚州其他地区进行贸易活动的基础。

当地的圭迪马拉(Gundidjmara)人对比尔斯的研究给予了指导,他们一直都知道这些建筑代表着什么,但从来没有人征求过他们的意见。她还得到了另一位科学家彼得·克肖(Peter

Kershaw)的帮助,试图得出这个建筑群的年龄。克肖认为它大约建于8 000年前,那恰巧就是康达湖周围地区的洪泛期。洪水可能就是由那些人工建造的水道引入的,一直到达了以前从未到过的地方,并由此完全改变了水道周围的植被系统。

8 000年的历史使它成为世界上最古老的养殖系统之一,甚至比许多科学家认定的澳洲集约化时代开始的时间更早。

维多利亚州考古调查局似乎跳不出他们对原住民社会发展所怀有的偏见,许多探索和敦促原住民文化研究的人似乎同样也根本没有读过探险者的日记。如果他们读过,他们在研究捕猎袋鼠用的长矛和挖掘棒之外,肯定会更深入地分析原住民的经济情况。

1987年,经验丰富的原住民经济研究者弗雷德里克·罗斯(Frederick Rose)撰写了《澳大利亚原住民的传统生产方式》(The Traditional Mode of Production of the Australian Aborigines)一书,对原住民经济进行了深入的分析。然而,在他讨论渔业时,他只看到了原住民制作的鱼叉和贝类采捕,丝毫没有提到渔栅或渔网。尽管欧洲人与原住民的接触史料中经常提到类似的东西。

罗斯不仅仅在他关于水产养殖的文章中似乎铁了心要把澳大利亚原住民归类为狩猎采集者,他对原住民的住房研究也非常狭隘,看似是有意而为之,因为没有什么能比房屋更直接地体现原住民定居生活的实质了。同样,他对面粉生产进行了研究,却没有提到大规模的谷物收割。他谈到了碾磨和簸扬谷物所需劳动力多到令人难以置信，却从未提及其规模——尽管斯特尔特曾描述过数百台石磨在夜间磨粉时发出的嗡嗡声。[22]

1880年之后很少能再见到描述的原住民粮食生产或者捕鱼系统、谷物和块茎植物收割等有关原住民集约化农业的文本。历史学家和研究人员好像是进入了一个黝黑的探索之室，并随手把房门关死了。感谢上帝，还有像希瑟·比尔斯这样的人和有耐心的圭迪马拉人。他们提供了足以衡量原住民的生产规模和定居程度的证据，但是有些人虽然研究过探险者的日记，也读过其观察结果，却仍然坚持认为澳大利亚原住民只不过是单纯的狩猎采集者，这简直太不可思议了。

卢兰多斯在其对格里森所著《澳大利亚与农业的起源》一书的评论中，指责作者过于依赖诸如"狩猎采集者""复合狩猎采集者"或"务农者"等标签。卢兰多斯认为，过程比标签更重要。

然而，大量体现澳大利亚原住民收获技术的例证促使我们要对那些低估原住民主体作用的偏见提出质疑。澳大利亚原住民和托雷斯海峡岛民的捕鱼系统在澳洲各地都能见到，有些复杂一点，有些简单一点，它们都与程度不一的定居生活有关。人类学家和动物学家唐纳德·汤姆森（Donald Thomson，1901—1970）说，约克角（Cape York）北部的渔网和藤栅以及他所拍摄的灌木篱笆，不仅是功能性极强的装置，其美学造诣也相当之高。

例如，汤姆森拍摄并描述了格莱德河（Glyde River）上一个复杂的渔栅：在一道由插入河床的木桩连接而成的结实栅栏后面，用藤条架起了一个平台。从他拍摄的照片可见，有两个用千层木制作并用藤条固定的大桶。水顺着千层木做成的陡槽穿过栅栏流进桶里。男人们站在齐腰深的桶里，面向水槽，捕捉被困在竹制平台上的鱼。当我把这个装置展示给研究原住民的学生看时，他们惊讶地看着我，好像我在跟他们开玩笑。澳大利亚人制作了土著男子单腿站立、手持长矛、守株待兔狩猎袋鼠的石膏雕像，而我们却几乎完全忽略了他们在工程建造方面的成就。

昆士兰捕鱼系统（D. F. 汤姆森供图）

米切尔也提到了达令河上巨大的帕坎吉（Paakantjyj）渔场。另外，在博根河上，米切尔还看到当地妇女用一种有趣的方法制造了一个精妙的渔栅："一条由长长的干草编织而成、只容水通过的活动水坝，从池塘的一端延伸到另一端，如此，所有经过的鱼都必定会被捕获。"[23]

玛丽·吉尔摩（Mary Gilmore）得到的证据遭到了一些学者的轻视，有人还因为她女性和诗人的身份而怀疑她的工作。[24]爱丽丝·邓肯-肯普的作品也常常因为她是女性而被忽视。尽管她用了100万字来描写比杜里（Bidourie）原住民的生活，但澳大利亚文学史上唯一被记住的来自昆士兰西南部的作家是丛林民谣歌手巴克罗夫特·博克（Barcroft Boake）。虽然看上去微不足道，但忽视邓肯-坎普的第一手资料会让我们对过去的理解产生偏差。

吉尔摩还记录了她平生所见，以及她记忆中自己的家人曾经告诉过她的事情。她的回忆清晰而详细，涉及新南威尔士和昆士兰南部的许多方法和地点。

早期的土地测量员莫蒂默·威廉·刘易斯（Mortimer William Lewis）在北领地的沃伯顿河（Warburton Creek）附近看到了一些捕鱼综合体，其所具有的永久性特点说明那里居住的都是定居部落，而戴维斯和麦金利在搜寻伯克和威尔斯的途中，看到原住民在斯特泽莱基沙漠捕获了大量鱼[25]；斯特尔特在几乎每一条有水流淌的河流上都看到了鱼梁和水闸。在整个国家，永久性渔场都是原住民经济的重要组成部分。

汤姆森在电影《十条独木舟》(Ten Canoes)中记录了阿纳姆地(Arnhem)的阿拉弗拉(Arafura)沼泽地用于捕鱼和捕鸟的独木舟的制作,但在整个沿海地区都可以看到驾船作业的有组织的大型捕鱼探险活动。

韦尔斯利岛的渔栅(康纳和琼斯供图)

人类学家、建筑工程师保罗·梅默特(Paul Memmott)在记录中写道:1995年,在卡彭塔利亚湾(Gulf of Carpentaria)的韦尔斯利岛（Wellesley Island）和大陆的海岸附近可以看到超过334个单独的渔栅。[26]凯亚德特人（Kaiadilt）以这些渔栅所捕获的鱼为生，他们给4种鲨鱼和两种黄貂鱼以及无数其他的小物种起了名字。

鲍鱼

澳大利亚的海岸，从珀斯正南方开始，穿过南部海岸线、塔斯马尼亚及其岛屿，向西至维多利亚州东部的吉普斯兰，向北至新南威尔士州的伍伦贡（Wollongong），都是原住民捕捞鲍鱼的场所。

科学家们在维多利亚沿海地区女性遗骸的耳朵里发现了奇怪的骨骼。经研究后科学家们确认，这些女性的耳骨之所以变厚是为了保护耳朵免受寒冷的侵袭；因为妇女们得潜到水下捕捞鲍鱼。[27]她们这样的耳朵被医生称为"冲浪耳"。

潜水捕捞小龙虾和鲍鱼是南方沿海经济的重要组成部分。并不是所有的潜水工作都是由女性完成的，但在塔斯马尼亚和维多利亚，贝类主要是由女性采集的。

班卓·克拉克大叔（Uncle Banjo Clarke）是克雷伍荣族（Keeraywoorrong）的族长，他向我描述了男人们用网和鱼叉捕捉小龙虾的过程。整个过程最有趣的地方是：男人们游到礁石那里，抓住海草，同时用脚来感受小龙虾的触角，然后潜下去抓住触角，把小龙虾从洞里拖出来。

在澳大利亚，获取大型的渔业资源是很常见的，捕捞方法也各不相同。一些渔场渔产非常丰富，足以让许多部落能够在靠近渔栅或渔场的地方过着定居或半定居的生活。

来自新南威尔士州南部伊顿地区的几位女士撰写了一本叫《鲍鱼》(Mutton Fish)的书，记录了尤因人和邻近部落对鲍鱼经济的依赖。[28]鲍鱼这种贝类动物是澳大利亚这一沿海地区饮食中最受欢迎的高蛋白食物。

鲍鱼的壳就像彩虹色珍珠，色彩非常美丽。它曾被用于制作传统珠宝，但分解很快，因此在居住点遗址的残余物里很少有它的踪迹。蝾螺或帽贝①的壳用得更为普遍，尽管它们可能仅占到蛋白质产量的一小部分。

考古学家们只能考察他们所发现的东西，所以像小龙虾、鳕鱼、鲨鱼、鲍鱼、海胆和鲷鱼这类软骨和脆壳动物在原住民海洋经济的调查中经常被忽视。

欧洲定居者故意不用"鲍鱼"(abalone)这个词，而嘲笑地称之为"羊肉鱼"(mutton fish)。英国人的厨艺向来名声就不是太好，所以殖民地的厨师们用他们那最难以言说的方法来烹饪鲍鱼：煮。鲍鱼用这种方法加工后肉质就像工业橡胶，因此，在没有改进烹饪方法的情况下，"羊肉鱼"被认为是"黑人"吃的食物。但是中国人和日本人知道事实并非如此。他们捶打鲍鱼，把它

---

① 蝾螺和帽贝用土著语言来表达分别为 warrener、bimbula。——译注

切成薄片,然后在热锅里迅速地翻炒——时间不超过 30 秒。这样烹饪出来的鲍鱼肉柔软、嫩滑,非常可口。

一份来自原住民的食谱写着:在滚烫的炭上将鲍鱼连壳一起烤。我曾经试过这种烹饪法,原以为这样烹饪出来的鲍鱼肉会变硬,但结果却发现它仍然很嫩,甚至更好吃。

当企业家们发现澳大利亚的华人在出口鲍鱼肉时,他们就去游说,说服第一产业部门建立许可证、配额制度和相当于同业联盟的封闭性营销委员会。

原住民现在被视为偷猎者,只是因为鲍鱼非常值钱。如果鲍鱼还是"羊肉鱼",那么他们可以想捕多少就捕多少。但是今天,他们却因为像从前那样捕捞鲍鱼而锒铛入狱。

船只

很久以前,有一艘帆船在贝斯海峡遭遇了一场猛烈的风暴。当帆船艰难而缓慢地绕过维多利亚的奥特维角时,船长惊奇地发现在海角的背风处有许多独木舟正在捕鱼。所有的独木舟都是由加达巴努德(Gadabanud)妇女驾驶的。

蒙塔古岛(Montague Island)位于新南威尔士州海岸 9 公里外的纳鲁玛(Narooma),由于海平面从来没有低到足以通过陆路到达,因此必须乘坐独木舟前往。当地人流传的故事之一是关于一场可怕灾难的:一队独木舟正从岛上返回时,因突如其来的一场风暴而被淹没。

朱莉娅·珀西夫人岛(Lady Julia Percy Island)离波特兰附近的维多利亚海岸有10公里远,即使在低海平面时期也无法到达那里。然而,原住民们全面占领了该岛,并称它为迪恩玛尔(Deen Maar)。

在澳大利亚原住民和托列斯海峡岛渔业经济中,船是一种重要的工具。罗托尼斯特岛(Rottnest Island)距离澳大利亚西海岸的弗里曼特尔(Fremantle)18公里,大约在1.2万年前可以从陆地到达。然而,考古学家目前正在研究的一些文物据说有6万年的历史。想必一定是在巨量海产资源的诱惑下,必须航海前往该岛。

罗宾逊在其最引人入胜的作品中,将原住民在墨累河捕鱼的夜间船队比作特内里费港(Teneriffe)的船队,而贝弗里奇在谈到他所观察到的船队时表示:"船队呈现出一幅如此奇特震撼的画面,绝对值得艺术家挥毫泼墨。"[29]

在这个国家的北部和托雷斯海峡群岛,人们建造了带有舷外支架的独木舟,他们乘着独木舟在海上捕捞上层鱼类。[30] 当用线钓法和网捕法捕鱼时,出海的独木舟上还会用上副帆。在内河航道上,独木舟成了过河的工具,并常常被探险者们描述为"他们继续探索之旅的唯一途径"。澳洲许多早期水道的照片中都有各种各样的独木舟以及与之相关的渔网和渔栅。

新南威尔士州南海岸的尤因人重新拾起了独木舟制作的传

统;好几条相当不错的独木舟已经制成,包括在布罗戈河岸边制造的那条在内。

2015年在布罗戈河尤因古兰迪人抬着一条独木舟(斯蒂芬·米切尔供图)

2009年,我在约克角半岛的洛克哈特河(Lockhart River)看望帕斯科家族的族人时,我为从事捕鱼的人数感到震惊。每一个后院似乎都有一条铅皮小船。那些东海岸的开普人(Cape)社区在丛林和平原上收获蔬菜和水果,但他们的目光永远都看向大海。

斯蒂芬妮·安德森(Stephanie Anderson)翻译了一本关于

法国水手佩尔蒂埃（Pelletier）的精彩著作。1858年，佩尔蒂埃被抛弃在这片海岸上，与当地的土著居民生活了一段时间。从佩尔蒂埃的叙述中可以找到早期原住民依赖海产品生存的痕迹。佩尔蒂埃还讨论了人们对薯蓣的生产和管理，以确保旱季的供应，但是，这些人所获取的营养和文化慰藉大部分还是来自大海。

澳大利亚的早期历史中充斥着原住民的造船和捕鱼技术，但奇怪的是，澳大利亚人对这些知识和原住民整体的经济情况却无动于衷。

你可以在新世纪的文本中，或者在执着的研究人员的书籍中，阅读到其他关于原住民文化、精神和经济的看法，但提出这些看法者往往通过猜测来填补知识上的空白。他们频频将各种神秘智慧归于他们的研究对象，但他们热切的浪漫主义历史研究其实并无必要，因为第一批探险者和定居者的所见所闻所录已提供了大量的资料。在本书中，我只不过引用了任何一个澳大利亚人都触手可及的一些实例，动动鼠标键盘或图书馆阅览证都可以查得到。然而，我之所以提供这么多例子，是为了强调现有材料的深度以及我们需要重新修订澳大利亚史的迫切性。

第 3 章

人口与住房

对某些人来说,收集如此杂乱的一堆证据似乎是一种乏味且无必要的行为,但对于原住民的住房,澳大利亚人的认知与实际情况相距太远了,以至于他们如若只看到一两个例子,就可能会将其视为"反常现象"。因此,我使用来自整个大陆的实例,就是为了展示这种原住民文化发展的普遍性。

从遥远的金伯利到约克角,从赫特河到塔斯马尼亚,从布雷沃里纳到哈密尔顿,到处都有房屋和村庄。永久性住房是欧洲人到达澳洲之前时期原住民经济的一个特征,标志着原住民向农业文明的转变。这些村庄不仅仅是功能性的居住中心,而且也是在往往较为不利的地形和气候中给人慰藉、令人感到舒适的地方。

不断有新的例子被发现。考古学家目前正在研究位于"澳洲死亡之心"(Death Heart)一个复杂的村庄遗址,曾经生活在那里的人们有复杂的水利系统、工艺精良的住房、采石场以及种子研磨和储存设施。这是一个规模较大的文化场所，人们运用工程技术来管理这里的环境。这一研究结果随同对全国各地数百个类似遗址的考察研究，完全可以描绘出一幅迥然不同的有关澳大利亚社会、经济和文化的历史画卷。这些村庄中有好几个已被证明是世界上最古老的村落，这一发现表明原住民也创造了社会。对澳大利亚过去的切实的研究将会为我们提供丰富的知识脉络，引领我们好好地在这个国家生活，同时还能保护好它的环境。

斯特尔特的救星

当查尔斯·斯特尔特抵达澳洲时，欧洲人对其内陆地区还知之甚少。渗透到大陆中部的进程受到地形和恶劣条件的阻碍。

斯特尔特探险队在1844年开始探险，由于恶劣的环境而受阻。天气热得温度计爆表，螺丝从木箱上掉落，铅笔芯也从铅笔里掉了出来。

斯特尔特一行人来到了库伯斯溪（Cooper's Creek），这里后来被称为斯特尔特砾质沙漠，他们在那里遇到了30米高的沙脊。他们奋力前行，忍受着令人难以置信的艰难困苦。斯特尔特爬上最后一座沙丘，俯视着平原。他在日记中写道：

> 一爬上沙丘顶,就看见有三四百名当地人在下面的平地上向我们发出震耳欲聋的欢呼……我此前从未如此突然地遇见那么大的一群人。从当地人的小屋四周看过去,这富有生气的景象显得更加令人震撼。平地另一边一条长长的高地上还站着许多妇女和儿童。[1]

斯特尔特看着干涸的河漫滩,他不明白这些人是怎么活下来的。此时的斯特尔特又病又累,马匹因为饥渴和疲倦,走起路来已是踉踉跄跄。突然遇到这么多原住民,斯特尔特着实吓了一跳:

> 如果这些人是不友好的,我们不可能从他们手中逃脱,因为我们的马已经不可能为了救我们或它们自己的命而慢跑起来了。因此,我们完全听凭他们摆布……可是,他们非但没有对我们表现出任何敌意,反而真心诚意地款待我们,我们当然也可以享用他们所拥有的一切。他们中有几个人给我们打了几大盆水,我们喝了一点,然后就把水给我们的马喝。他们能做到这样真是非常勇敢,非常了不起,因为我很确定没有白人(从未见过或听说过马这种动物,第一次看到自然会有害怕的心理)会走到这种看起来非常可怕的野兽面前,把水槽端在胸前,让马喝水,而且马鼻子几乎要碰到他们了。他们也给了我们一些烤鸭和糕饼。当我们走到他们的营地时,他们指了指一个新的大茅屋,告诉我们可以

睡在那里……(后来)他们又拿来了很多树枝给我们生火，因为木头非常稀少。²

斯特尔特遭遇那些未开化的人，正觉得自己处境艰难，没想到竟有新房子！烤鸭！还有糕饼！

《黑暗鸸鹋》(2014年版)的一位读者认为我是在捏造材料来夸大原住民的成就，但是斯特尔特在他的日记里明确地写着他对土著人的钦佩——尽管他对土著妇女的外貌评价很低。然而，欧洲男子对土著妇女的看法并非没有偏见或更阴暗的动机。

诗人彼得·格布哈特(Peter Gebhardt)和工程师迈克尔·佩里(Michael Perry)自告奋勇要阅读这些日记，以便研究烤鸭和糕饼故事的详情。由于斯特尔特并不是每天都写日记，所以研究的一项工作就是梳理出斯特尔特所到之处具体的经纬度。但是，我们确信，上述事件发生在1845年11月3日至4日，就在今天的因纳明卡(Innamincka)的东北方向，南纬127度47分，东经141度51分。

斯特尔特在不同的地方看到了许多建筑，包括他同年在斯特泽莱基溪(Strzelecki Creek)看到的那几处建筑，还为很多建筑画了素描。其中一个入口宽14.5米，高2米，屋顶上覆盖着厚厚的一层黏土。

在另一个地区，他看到了用坚固的椭圆形拱门建造的小屋，上面覆盖着树枝，并抹了"一层厚厚的黏土，这样小屋既能抗风又可以隔热。这些小屋相当大,每一间小屋旁边都建有一间比它小一些的房子,但造得同样好……显然居民在离开之前打扫过这里"[3]。

后来,在同一次旅途中,他说:"我们越往前走,当地的路就越宽。现在那些路已经和英国路边的人行道一样宽了,而且被踩踏得很平。小河两旁排列着很多用粗大的树枝建造的小屋,所以我们很明显正在朝一个人烟稠密的地方前进。"[4]

他补充道:"在有村庄的地方,这些小屋都是一排排地建造的,一间挨着一间。原住民们似乎有一种独特而普遍的习惯,就是在离大房子不远的地方建造一间小房子。"[5]

原住民在心灵手巧、建筑样式和粮食生产等方面表现出来的很多因素让斯特尔特大为惊讶和钦佩,但他主要关注的仍然是如何占领这些富饶的地区。他的弟弟伊夫林(Evelyn)已经在斯特尔特发现的地区内放牛。

尽管斯特尔特的抱负具有浓重的实用主义色彩,但是他在所有日记中都提到原住民的成就,显然,他对原住民是尊敬的。他不是一个辩护者,也不是一个心肠过软的人,他自己就占领了超过5 000英亩的土地,但是这些建筑规模大、结构复杂,迫使他不得不承认原住民们确实了不起。

类似于斯特尔特所见的木结构建筑在20世纪70年代仍然存在,虽然建造它们可能是60年前的事情了。这些房屋建在了僻静的地方,所以没有遭到牛或火的破坏,也让研究人员得以见证建筑的规模和耐久性。1861年,乔治·戈伊德(George Goyder)是早期南澳大利亚总测绘师,他游历了斯特尔特探过的许多地区,其间见到了许多大型建筑。其中之一是"一座大型建筑……位于南澳大利亚布兰奇湖(Lake Blanche)西南地区的一个'定居点'……以类似于斯特尔特上尉所描述的那种方式建造,非常温暖和舒适,最大的可以容纳30到40人"[6]。

卡尔·埃米尔·荣格(Karl Emil Jung)和阿尔弗雷德·霍伊特都曾记录过原住民在艾尔湖(Lake Eyre)以东的库伯斯溪上用"沉重的原木"建造出大型圆锥形小屋。托马斯·米切尔在靠近维多利亚格兰扁山脉的怀特湖(White Lake)附近发现了许多大型住宅。康达湖的居民告诉弗朗西斯牧师,在欧洲人到来之前,他们居住的社区有40多人,所有人都住在同一间屋子里。[7]

新南威尔士州伊拉瓦拉(Illawarra)地区的房屋"通常都非常精致,在大小和形状上与美洲印第安人的帐篷相似,尽管完全是由当地的木材和植物纤维制成的"[8]。

即使是在地理环境非常艰苦的沙丘地区,斯特尔特仍然见到了原住民的水井和大量房屋。昆士兰州西南部的伯兹维尔(Birdsville)附近曾有几个村庄,但如今,这片土地因为偏远和不适宜居住而被神化成"荒凉内陆"。许多澳大利亚人觉得很难想象这个地区曾经是大量原住民的乐土。

澳大利亚最具讽刺意味的事情之一是,在斯特尔特两次差点丧命的沙漠中,居住着大量的原住民,他们利用平原来控制洪水的泛滥,种植庄稼,收获和储存谷物。任何曾经穿越澳大利亚边远地区的人都曾注意到类似的大量人口。澳大利亚诗人玛丽·吉尔摩听她的叔叔们说,有5 000人生活在布雷沃里纳渔栅附近,维多利亚州西部有1 000人以上的城镇;斯特尔特本人在达令河畔看到了一个有1 000人口的繁荣城镇;邓肯-坎普声称有3 000人住在离布雷沃里纳不远的法拉尔潟湖。[9]

令人惊讶的是,澳大利亚地理和历史民俗记录却没有将人们所看见的这些包括进来。澳大利亚人死抱着谬见不放,激发了一场毫无创造性的全国性辩论。2010年9月,民主工党立法委员彼得·卡瓦纳(Peter Kavanagh)在谴责维多利亚州原住民土地权法案时声称,游牧民没有土地所有权的概念。他认为,原住民土地所有权法案将"确立一个群体对其他群体的种族歧视制度,也就是歧视所有非土著澳大利亚人"[10]。

在我们的欠账上留下的这个污点很深,除非我们能够接受探险者们所见所闻为我们国家历史的一部分,我们围绕国家起源、民族性格和特性的争论都会因无知而受阻。这种无知始于第一批来到这个国家的欧洲人。即使像米切尔和斯特尔特这样开明的人,尽管见过有1 000多人口的村庄,见过延伸到地平线的麦田,也会用那种高高在上的委婉语,把同样的那些人称为"土地之子""黑皮肤朋友"或"沙漠骑士"[11]。两位探险家都使用"小屋"或"棚屋"这样的词来描述那些可以容纳四五十人以上的房子,然而在爱尔兰农村,这样的房屋会被称作农舍。

殖民地总督、土地测量员和探险者对原住民的成就都不屑一顾,如此做派一直延续到当代的澳大利亚社会。2011年11月,在采访《澳大利亚建筑百科全书》(*The Encyclopedia of Australian Architecture*)的作者时,国家广播电台主持人艾伦·桑德斯(Alan Saunders)对该书居然在第一章专门讲述了原住民的建筑感到很意外。他想弄明白澳大利亚学术界和教育界的成见为何如此之根深蒂固,以至于澳大利亚人对我们民族文化中这一方面的情况一无所知。

当涉及气候变化、计划生育、税收、枪支管制或公路限速时,无论是哪个国家,其公民中都会有反对者;然而,如果普通民众坚持无视历史事实,那我们注定只能重复殖民者们留下的观点。虽然有研究人员对公认的看法提出质疑,但得由我们的政治家和教育家,最终是大众,来决定是否要重新审视欧洲人入澳前时期原住民经济的状况。

大量的原住民控制着澳洲的环境,他们种植庄稼,粮食生产有大量盈余,使得原住民在他们的庄稼地附近过着或多或少定居的生活。这些常有人走的道路证实了斯特尔特、格雷等人观察到的人口规模,水井和灌溉水坝也证实了这一点;当然,村落里的房屋也证明了原住民有组织的劳动。

定居或半定居的原住民文化的新例子不断在被发现。迈克尔·韦斯特威(Michael Westaway)目前正在考察昆士兰北部一个复杂的村庄遗址。我们必须接受这些模式成为我们历史叙述的一部分。

当然,并不是所有的原住民部落都像他们一样从事农业生产,也不是所有的人都住在探险者所描述的房子里。我已经举过一些在不同气候区都出现的大规模种植的例子,很明显,这是原住民生活方式的核心部分。

需要考虑的不仅是人口的规模,以及住房的规模和数量,还有房屋的牢固度、美观度和舒适度。设计和建造这些住房目的在于恶劣环境下也适合居住。

在早期的一次探险中,斯特尔特在达令河上看到了一个高度发展的村庄,里面有 70 座圆顶小屋,每座都能容纳 15 个人:

> 房屋是用粗壮而坚固的树枝做成的,这些树枝在地面上固定成一个圆圈,以便在一个中心点会合;顶上先盖一层厚厚的草和树叶,然后再覆盖一层黏土。它们的直径从 8 英尺到 10 英尺不等,大约有 4 英尺半高,进口的大小仅能容纳一个人爬进爬出。这些小屋都面朝西北方向,每座小屋都配有一个更小一点的偏屋。[12]

一些人推测,低矮的入口以及烟雾缭绕的内部可以阻止苍蝇飞入。保罗·梅默特想弄清楚,在入口狭小的建筑物里,昏暗的光线是否也起到了防蝇的作用。大多数圆顶屋也使用小树皮、木材或门帘来清除昆虫。[13]

许多早期的观察家评论了村镇的美学比例、雅致定位和社会和谐。斯特尔特描述了某小镇夜幕降临时的情景：

> 土著人……在他们自己的营地里熬夜到很晚，妇女们专心地在两块石头之间敲打种子，打成的粉用来做糕饼。她们的敲击声就像织布机工厂开工时的声音。整个营地，在一长排篝火的映照下，看上去非常漂亮，土著人站在篝火旁或在茅屋间走动的黝黑的身影，勾勒出一幅戏剧中的优美场景。11点钟的时候，一切都沉静下来，安静得让你不会觉得竟有这么多人生活在你的附近。[14]

这个部落以及其他部落住所旁的小屋里堆满了农产品。与这些仓库相连的院子里饲养着动物。这里的人们并没有在沙漠中挣扎求生；他们兴旺发达，过着富裕而快乐的生活。

他们利用了大量的资源来建造自己的家和花园，为自己提供舒适的生活环境。甘米奇说，在维多利亚州西北部深达2米的水井上，为了给水源提供一个上好的凉棚和遮阴保护，水井上方特意"缠绕"了一些灌木。[15]他还引用了吉尔斯的话，吉尔斯发现了好几口大井，其中一口的井壁差不多有2米高、20米宽。[16]另一口位于南澳大利亚的井有3米深，底部还挖了一个与井成90°角横道,用来接引一处泉水。原住民还在那横道上开了几个洞,以方便通行。在这些地区,通过有组织的劳动和创新使水供应得到保障之后,原住民们就开垦了沼泽和草地。[17]

米切尔的披露的真相

托马斯·米切尔非常欣赏墨累达令盆地(Murray Darling Basin)格圭迪尔河(Gwydir River)上的另一个大村庄:

> 穿过一个山谷时,我们经过了一排土著部落的小屋。它们雅致地分布在下垂的洋槐树和木麻黄之间;有些像是凉亭,掩映在芳香的金合欢树下;有些分别坐落于木麻黄浓密的树荫下;还有一些则是三四间建在一起,更适合于群居,对着同一个炉灶。每间小屋都是半圆形的,或者说是圆形的,屋顶是圆锥形的。有一个平顶从某一边伸向前方,像一个门廊,由两根棍子支撑着。这些屋子大多靠近某棵树的树干,它们并不像其他许多地方那样用一片片的树皮覆盖,而是用芦苇、草和树枝等多种材料覆盖着。每间房屋的内部看起来都很干净,我们在雨中经过时,这里不仅让我们想到了庇护所,甚至感受到了舒适和幸福。它们让我们欣赏到了建造小屋的土著女人令人赏心悦目的品味。[18]

在达令河地区,米切尔看到了另一个小镇,镇上的每间小屋可以容纳15人,是由超过30厘米厚的茅草建成的坚固建筑。"这些永久性的小屋似乎也表明,这是一群更爱好和平、更喜欢定居的人。"[19]

米切尔非常欣赏原住民的房子,他写道:"我开始了解到,这些小屋前面有舒适的篝火,住起来很舒服。"[20]米切尔对房子的质量很敏感,但他对占用别人的住宅却觉得无所谓。他在许多地方都占据着空房子,如此的随意侵占很可能比除身体攻击之外的其他任何行为都更严重地破坏了白人和黑人之间的关系。

当然,我们应该感谢米切尔,他把自己的许多观察描述得非常详细和生动流畅,我甚至能想象自己正与他这位有同情心且聪明的人进行一场愉快的畅聊。但是,尽管他很喜欢和欣赏自己亲眼所见的这个令人难以置信的文明,但这却没有阻止他寻找草原的脚步。尽管他对房屋结构、建造房屋需要付出的有组织的劳动和创新技术表示赞赏,但他却把溢美之词留给了这片土地以及这片土地能给征服者提供的财富上。

米切尔对原住民的关心也许会使我们感到暖心,就像许多历史学家仍然对拉筹伯(La Trobe)的温文尔雅感到暖心一样,但米切尔在下一句话中却写道:"相反,如果野牛数量增加,当地人的数量也会增加,如果现在不对他们进行开化和教育,那么他们就会成为可怕的死敌,因为即使是猎杀野牛的绝对权利,他们也不会被给予。"[21]

我们喜欢颂扬我们最温和、最有教养的祖辈的美德,却常常忽视他们之中的恶棍所犯下的谋杀罪。然而，更仔细地阅读我们的祖辈所写的关于原住民社会的文字，探索他们在原住民社会中待了多长时间，可能会让我们重新审视他们的慷慨。例如，米切尔经常就被城市规划和土木工程这类城镇化抱负所分神，而科学分析一下就可能揭示真相：

> 一个城镇的发展在很大程度上取决于大路的走向，在确定最合适的路线时，必须确保主干道的设置有价值……这类便民工程应尽可能领先于殖民开拓的进程。这项计划……在资本……动用之前……应该予以周全的考虑……。公众的便利以及对技工的激励我们怎么研究都不为过，因为技工实际上是殖民先锋，正是他们为建造客栈提供设备，为交通要道沿线的人口增长提供方便。[22]

之后他又用田园散文的笔调写道：

> 如今，和平与富足垂青万宝（Wambool）河两岸的民众。英国的企业和产业会及时开工，在纳莫伊（Nammoy）、圭迪尔（Gwydir）和卡鲁拉（Karaula）荒凉的河岸上，在海岸线以外更北面的广大地区，也可能会出现类似的变化——那些地方除了四处流浪的土著人，依然人烟稀少。到那时，他们也许会像现在住在巴瑟斯特（Bathurst）的土著人一

样,享有他们理应享有的安全与保护。[23]

即使在1835年,米切尔也一定清楚,无论在哪个大陆,无产者都是不会享有和平与安全的。他是一个善良、勤奋、乐观的苏格兰人,但他的偏见让他无法认清这样一个事实:他是土著社会遭彻底摧毁的重要媒介。他满脑子都是客栈和公路的愿景以及袅袅炊烟的浪漫想象,而忽略了那些迫在眉睫的事情。

我们已经习惯性地认为米切尔对原住民生活非常着迷,但事实上原住民的生活很少引起他的注意。他经常路过一些耕作过的土地,但对自己的发现却常常只是一笔带过。他曾见过复杂的渔栅,但几乎没有停下脚步来对它们作一番描述。在1835年绘制达令河地图的旅途中,他的文字中充满了对道路位置以及利用原住民开辟的广袤草原而有可能获得的巨大地产的推测。

即便他有机会分析原住民的土地使用情况,他也似乎常常困惑于对自己所经过的稀树草原之整齐和美丽,并将其归为"大自然的无心之笔"[24]。

人类学家托尼·巴尔塔(Tony Barta)评论说,米切尔"对原住民及其文化造诣的描写是非常积极的。但他们并不在他的愿景里"[25]。毫无疑问,米切尔比他同时代的大多数人对原住民的成就要敏感得多。尽管如此,如果阅读他撰写的《东澳大利亚腹地的三次探险》(*Three Expeditions into the Interior of Eastern Australia*)的介绍,读者会惊讶地发现他论及原住民的地方少之又少,而且当他真的提到原住民时,他又随意剥夺了他们的权利。

米切尔的队伍在1836年杀死了迪斯伯森山(Mount Dispersion)附近的7个原住民,1835年在威尔坎尼亚(Wilcannia)和梅宁迪(Menindee)之间杀死的原住民数量不详,在博加湖(Lake Boga)也杀死了一个原住民。他写道,陆路长途跋涉的队伍必须规模庞大且拥有精良的装备,才能抵挡住原住民的攻击。[26]

在给博尔克总督(Governor Bourke)的信中,他描述了对迪斯伯森山发动的攻击,说这是消除原住民侵犯可能性的必要手段,他这样写道:"我的手下尽可能多地追击并开枪射击——许多人在游过墨累河时被射杀。"然而,博尔克总督却下令从《公报》(Gazette)中删除这段文字。[27]

殖民者对原住民施加的暴行、摧毁原住民修建的村庄和取得的经济成就,这些都曾有过记录,但后来篡改这些记录的情况却并不少见。格里森说:

> 压制或不鼓励公开披露永久的小居民点和更多定居生活的存在,可能是导致有关群体的历史信息失真以及现代对原住民的认识也因此失真的另一个因素。例如,1841年12月初,"比格尔号"船长斯托克斯(Stokes)将在维多利亚区进行短暂勘测的原始记录最初发表在珀斯的一家报纸上,他提到了"他们[纳达人(Nhanda)的]的冬季住所建造

得非常牢固",但当 1846 年他的日记出版时,转载的这篇报道中,这一行字却被删掉了,被删掉的就只有这一行字。同样,在维多利亚州,1858 年至 1859 年间,立法会的一个特别委员会从托马斯和希夫莱特(原住民监护人)那里收集了证据,两人都声称不相信原住民存在某种形式的永久性定居制度,尽管我们知道他们所了解的情况并非如此。我们不禁怀疑,有人在故意诋毁原住民居有定所的证据,因为这可能会让殖民掠夺在道德和法理上站不住脚。[28]

阅读米切尔的日记,欣赏他的诗句和素描,你不可能不注意到他与大多数同时代人的不同之处。对在维多利亚州西部"好运澳洲"[①]发现的葱翠平原,他如此描写道:"在广阔的世界上,没有哪个山谷如此诱人。"后来他又写道:"肯定找不到比这里更适合殖民的地方了。"[29]你可以想象他对那些谋杀和袭击感到后悔,但这并没有让他收手;如果抵抗干扰了他的远征军,那他就不会中止杀戮。

我想不出有哪个探险者因为害怕杀死那些抵抗其前进的人而放弃了自己的行程,也想不出有哪个殖民者因为会对原住民不利而放弃霸占他们的土地。即使是维多利亚西区原住民最好

---

① 托马斯·米切尔 1836 年 6 月跨越墨累河后进入今天的维多利亚州,继续往西南方向前进,在维州的西部发现了不少肥沃的平原,后来他将其命名为"Australia Felix",意思是"好运澳洲"。不久之后就开始了对"好运澳洲"的殖民。——译注

的朋友詹姆斯·道森(James Dawson),仍然占领着以前属于他朋友的土地,对此他可是一清二楚的。

定居者和探险者都一样自认为具有优越感、享有特权。马蹄声和沉重的脚步声从未停止过,尽管他们知道,他们正在用繁杂的经济体系取代一个高度发展的社会。他们一定清楚地意识到了许多地区存在已久,也相当繁荣,因为早期文献中有很多例子可以证明这一点。

学者艾伦·波普(Alan Pope)将此称为"基于对土地所有权和开发来确立个人财富与维持原住民生活方式之间存在难以调和的矛盾,因为原住民的生活方式根本就无法离开同一片土地"[30]。

在达令河上,探险者们看到了与斯特尔特和米切尔所看到的相似的小镇,他们估计每个小镇的人口不少于1 000人。彼得·达金估计该地区的人口多达3 000人,但斯特尔特、米切尔等人的日记显示,他们经过了许多这样的人口稠密的村庄。现在和曾经都有人认为,殖民地时期前这里人烟稀少,那么这些数据与那些假设可就严重不合了。

政府的土地测量员戴维·林赛(David Lindsay)报告称,在普拜尔角(Poeppel Corner,昆士兰州与南澳大利亚州和北领地交界处)有许多大型村庄,其中有一座房子大得足以容纳30至40人。[31]米切尔在昆士兰西部的巴库河(Barcoo River)上看到了由相似的房屋组成的村庄,但他补充说,每座房屋都有几个房间。这些村庄与纵横交错的古道相连,其中许多已成为今天的高速公路。

早期牧场主约翰·康瑞克(John Conrick)在他留下的书信文件中描述了一座周长超过30米的房子,被土著人用作夜间祭祀的场所。戈伊德提到了其他一些建筑,与斯特尔特上尉所描述的极为相似,"都非常暖和,非常舒适",最大的一座房子可以容纳30至40人。[32]

约翰·麦克道尔·斯图亚特在探险日志中几乎没有提到过原住民,但他发现了用泥土建造的蜂巢小屋,并赞扬了它们的精致和舒适。[33]

1883年,戴维·林赛在对阿纳姆地进行土地测量时记录道,他:

> 来到一个巨大的土著营地,绵延约四分之一英里。几间宽大的小棚屋中有一间屋子的框架高达12英尺;有一些小的围栏,似乎有一些小猎物曾经被圈养在里面……这个营地应该容纳了500个上下的土著人,曾经是某个重大节日的举办地,用作夜间祭祀或跳舞的场地,应该举行过很多次,所以破旧不堪。[34]

但在描述那些大型建筑时,他使用了"小棚屋"(humpy)一词。

连墨累河的老啬鬼爱德华·柯尔（Edward Curr）也承认，原住民所建精美的树皮小屋无疑是殖民地丛林中最舒适的居所。1842 年在马拉库塔（Mallacoota），约瑟夫·林加德（Joseph Lingard）遇到了两个土著男人，并"斗胆进入他们的居住场所，我发现从里面看那就像一个房间"[35]。

格里森列举了许多来自探险者和早期定居者关于看到大型村庄的报告。米切尔提到了达令河两岸，在那里"人们低沉嘈杂的声音让达令河两岸呈现出一片欢天喜地样子，感觉就像是人口众多国家的一个村寨"[36]。格里森如是总结道：

> 大多数澳大利亚人都不会相信这样的评论，因为人们通常认为这个地区的大部分地方荒凉、不适宜居住。它们在人们的口中被传为"天涯海角"或"荒芜之地"，是头脑正常的人都不会去的禁地。[37]

但人们确实在那里生活着，而且繁荣昌盛；村镇的繁荣是因为居民们充分利用了自然条件，培植了当地特有的谷物和块茎植物。不幸的是，草原和村庄很快就被破坏了。

伊丽莎白·威廉姆斯（Elizabeth Williams）引用了原住民监护人威廉·托马斯的一段简洁的描述，简明扼要地说明了原住民住宅的规模和精致程度，同时也解释了为什么在第一批欧洲人抵达澳洲之后，很少有人再看到这些住宅：

第一批定居者发现了一个常见的原住民定居点。这个定居点位于菲利港东北约 50 英里处。河岸边有 20 到 30 个蜂房形状的小屋,有些能容纳 12 个人。这些小屋大约 6 英尺高,直径约 10 英尺,有一个大约 3 英尺 6 英寸高的入口,在夜间需要时用一张树皮盖住当作小屋的门,顶部有一个 8 英寸或 9 英寸的孔,用作烟囱,在天气潮湿的时候他们用草皮遮住这个孔。这些建筑都是圆形的,紧密相连且覆盖着泥土,一个成年男性站在上面也不会被损坏。这些黑人在小河中建造了各种各样坚固的水坝,在洪水季节,这些水坝达到一定高度后就可以充当水闸……1840 年,小河对岸建了一个绵羊农场……有一天,当黑人离开他们的村庄,沿着小河向上寻找他们的日常食物时,白人放火烧毁了他们的居所……黑人们后来的情况究竟如何,(我的线人)没有跟我讲,但到 1841 年年底……整条小河上连一间小屋也看不到了。[38]

建造和设计

尽管这些住所在早期遭到破坏,但在其他地方仍可见到这种古老生活方式的证据。各种描述原住民建筑的例子一直都有,一直到进入 20 世纪。卡奔塔利亚南部海湾的原住民建造了巨大的圆顶屋,屋顶用草覆盖,墙上留有狭小入口,可以很轻松地关闭。这些结构经过了调整,使得潮湿的季节也可以舒适地度过,而且屋子内部点燃一小堆冒烟的火,就可以驱赶昆虫。[39]

海湾地区和托雷斯海峡群岛的其他部族建起了用支柱撑起的复杂建筑物,或者用巨大的弧形竹竿造出美丽的圆顶建筑,上面覆盖着浓密的茅草。这些建筑物能满足整个大家族的需求。[40]

滕南特克里克(Tennant Creek)附近的阿尔亚瓦尔(Alyawarr)人由于自然条件较好,因此他们的房子结构不太复杂,但在营地里有一个小圆顶建筑物和一个用于养狗的院子。[41]

约克角和阿纳姆地的季节分为干湿两季,通常有两个季节的营地和两种不同风格的住房。[42]雨季住的圆顶小屋面积大,用茅草覆盖,因而可以防水;旱季的时候,他们住的则是更加明亮、更通风的建筑。原住民们在安全的建筑物内储存了露兜树果的淀粉,所以即使在雨季,原住民也能居住在这些条件艰苦的地区。

有毒露兜树果实的食用让许多早期的欧洲访客感到惊讶,直到他们了解到通过溶滤和制浆过程可以将生物碱处理干净时才恍然大悟。这些食物经过击打、碾碎和烘烤,然后储存在棚屋里,以备雨季时食用,因为当时进入雨林的途径有限。露兜树的树叶还是覆盖屋顶和织布的重要原材料。

生活在雨林的人们对他们所使用的每一种住房类型,包括可以容纳 30 人或更多人的更大的建筑物,都起了不同的名称。

在昆士兰的米切尔河上,生活在那里的部落使用了复杂的交叉穹顶结构,覆盖着千层木树皮和棕榈树叶。塔斯马尼亚西海岸人还建造了圆顶的防水建筑,供自己避雨避寒。

探险家欧内斯特·法文克(Ernest Favenc)和许多其他目击者都说曾经见到那些用泥土覆盖的圆顶建筑物,这些探险者待原住民极差,且极不尊重他们。1877年,法文克穿越澳大利亚中部,为陆上电报勘探线路,在那里他看到了许多土著村镇——但即使是在说到大型复杂建筑物时,他仍用"茅舍"(hovel)一词来诋毁它们。

澳大利亚内陆的许多圆顶建筑物的地面都比周围的地面低很多,大概是为了在沙漠寒冷的夜晚保温。

石头有时被用来代替黏土涂层,石头之间的空隙用泥浆涂抹。这些建筑物的框架必然是相当坚固的。有时,圆顶住宅的门口会有一个小走廊,只在迎风口一侧建一堵墙,为门口点燃的火挡风,也可以让坐在屋外的人更加舒适一些。

穹顶房屋也被大家庭用作遮阳屋。房屋的框架也还是由好多根紧紧相扣、结实的"拱肋"撑起来,上面覆盖着树叶和草。约翰·奥克斯利(John Oxley)描述了昆士兰莫顿湾(Moreton Bay)附近类似的房子,它们"完全不受雨水影响,形成了一个宽敞而舒适的小屋,可以容纳10到12个人"[43]。

以上许多例子都来自保罗·梅默特那本卓尔不凡的著作《贡亚、古迪和乌尔丽:澳大利亚原住民的建筑》(*Gunyah, Goondie and Wurley: The Aboriginal Architecture of Australia*, 2007)。在书中，他引用了唐纳德·汤姆森等早期摄影师的作品，这些摄影师走访了当时仍在采取传统农耕经济模式的偏远社区。

梅默特指出，阿纳姆地某些些地区形成了各种不同的住房风格：在矩形结构上，千层木木片由叉状柱支撑，里面有高起的平台供睡觉使用；像帐篷一样的建筑物，在脊梁上覆以树皮；各种式样的遮阳房；在沼泽地区，人们在树上建起平台；还有为应对雨季而经过调整的圆顶建筑物，使用相互重叠的千层木木片覆盖屋顶。

穹顶由一些柔韧的小树苗互相交叉构成，类似于现代有弹性的帐篷杆，不同之处在于阿纳姆地的建筑使用的杆子多得多。入口用千层木和绳索加固，这样进出的人就不会损坏房屋。这扇门很小，只能爬过去，所以密封性很强，可以在雨天防止雨水渗入，也可防止蚊虫飞进去。

我们要感谢汤姆森在与阿纳姆地原住民一起生活的许多年里采集了那么出色的照片，因为其他人很少会想到去拍摄或绘制原住民房屋的图片。

汤姆森记录道，蒲葵经常被用来覆盖房屋，而且非常美观。有时原住民更喜欢用织物作覆盖层，它们的外观同样赏心悦目。这种覆盖层在金伯利也能看到。

建筑类型根据可用材料的不同而不同。来自湖岸的黏土或蚁巢材料都是很好的建筑材料。当遇到安全的洞穴时，它们也会被用作住所或举行仪式的场所。美国广播公司电视纪录

第3章 人口与住房

葱头形穹顶房屋（昆士兰博物馆供图）

123 片《第一个脚印》(*First Footprints*)拍摄到了一个令人激动的案例,阿纳姆地的人在清理掉大量的石头和淤泥后,发现了一个巨大的有柱子支撑的洞穴,简直就是一座美术馆,里面陈列着非凡的艺术作品。观众们在看到这座洞穴后都惊呆了,问题和评论如潮水般向美国广播公司涌来。这个文化遗迹相当有冲击力,然而在2013年,许多澳大利亚人却是第一次看到它。

同样,在2006年墨尔本英联邦运动会开幕式上,当土著妇女穿着华丽的袋貂皮斗篷登场时,许多澳大利亚人都很惊讶,因为人们一般都认为,原住民要么什么都不穿,要么就穿兽皮。

他们穿的的确是兽皮,不过是经过缝制的兽皮,给婴儿穿的还装了袖子,他们还把兽皮当地毯和被褥用。值得庆幸的是,这种制衣技艺正在一群维多利亚土著妇女——维姬·卡曾斯(Vicki Couzens)、李·达罗奇(Lee Daroch)和特雷纳·汉姆(Treanna Hamm)——的手中复兴,这是一场极其重要的文化复兴运动。

当希瑟·勒格里菲恩(Heather Le Griffon)为撰写《十字架边的篝火》(*Campfires at the Cross*)一书做研究时,她回忆起自己在维多利亚博物馆第一次看到的兽皮斗篷:"有人向我展示了一件罕见的袋貂皮斗篷,我原以为会看到粗糙的锁边线头。但是当我看到女裁缝师缝制斗篷的漂亮针脚时,我感动得流下了眼泪,为自己贫乏的认知而感到羞愧。"[44]

124 制作兽皮斗篷首先要将兽皮展开,边角用木棍固定后晾干,然后刮净并刻纹,这样就会使兽皮更有弹性。刻纹属于斗篷设计复杂工艺中的重要一环,斗篷由原住民用精心制作的骨针和线缝在一起,线是用袋鼠尾巴上的肌腱晒干制成的。它们都是制作精良的艺术品。

如果一个像勒格里菲恩这样真诚、聪明、精通土著历史的女士都曾毫不避讳地表达她自己的偏见,那么我们所有人都必须警惕那最能阻碍我们获得知识和智慧的东西:臆想。

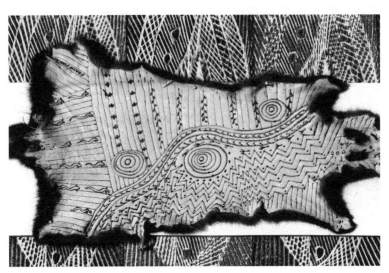

布鲁斯·帕斯科设计的袋貂皮图案(林恩·哈伍德供图)

斗篷、帽子、鞋子和裙子的制作本身就是一项独立的研究,但是又一次,正如探险者和定居者日记所披露的那样,这种日常劳动的证据等待澳大利亚人去充分肯定原住民的非凡成就。

石头建筑

仔细阅读最早的殖民时期的各种报告，人们会发现大量关于石屋和其他建筑的资料。第一批探险者和定居者看到的房子肯定比他们记下来的多得多；但即使这些目击者有多么不情愿泼墨留证，我们今天看到的证据依然多到令人难以抗拒。

今天我们仍然可以看到许多石屋的遗迹。卢兰多斯描述了奥特威岬和康达湖比斯的石屋遗迹，而在新南威尔士州蓝山（Blue Mountain）、高崖岛（High Cliffy Island）、西澳大利亚州和澳大利亚山脉开展的研究仍在继续。我们看得越多，能找到的证据很可能就越多。2016年，研究人员在西澳大利亚州丹皮尔群岛（Dampier Archipelago）的罗斯玛丽岛（Rosemary Island）确定了一座石头建筑的年龄已有9 000年。它是在上一个冰河世纪末建造的，据说这座石屋反映了人们是如何适应海平面上升以及沿海部落又是如何不得不向内陆迁徙的。[45]

尽管欧洲人偷走了一些石头来建造他们自己的房子和围墙，尽管牛和羊两百年来不断地破坏着它们，尽管遭受了突发的无法控制的火灾，这些石屋的地基和墙壁仍然清晰可见。针对殖民地时期前的各原住民部族如何使用石头的问题，还有很多研究要做。

在摄影术出现之前，有关此类房屋的图像记录很少，其中一幅出自一位土著艺术家之手，画的是澳大利亚山脉的一群石头建筑画。这幅画很有意义,因为某个来自那个地区的人1839年前往今天的墨尔本植物园所在地参加一个大型原住民集会时,据说就是他梦见了为整个澳大利亚东南部举行的夜间祭祀仪式。他的家就是一座石头房子。

他的名字叫库勒·库勒普(Kuller Kullup),他拒绝说话,甚至都不看一眼原住民监护人威廉·托马斯。库勒·库勒普可能是杰马桑人(Jaitmathang)或纳利奥(Ngarigo)人,但是澳大利亚东南部所有的原住民都知道他是一位伟大的哲学家。

早期来澳大利亚山脉的旅行者都会谈及石头房子组成的小村庄和住在那里的庞大人口。最近的丛林大火将维多利亚州不同地区此类定居点的地基暴露了出来,而遍布澳洲各地的其他众多石墙草顶的村庄也都有记录。[46]

1925年,原住民监护人赫伯特·巴塞多(Herbert Basedow)留下了关于南澳大利亚州东北部房屋的详细记录。他描述了用石板做屋顶的房子,那铺设在木梁上的石板可能是就地取材的。

居住在杰克逊港(Port Jackson)以北的盖-马利格尔人(Gai-Marigal)丹尼斯·福利(Dennis Foley)说,记得他的叔叔曾带他去参观过大型石屋的遗迹。墙壁是用石头和黏土砌成的,地面覆盖着柔软的千层木和蕨类植物。这些建筑物长约6米,宽4米,高1.5米。福利解释说,在天花瘟疫后,这些房子有很多被士兵烧毁了。

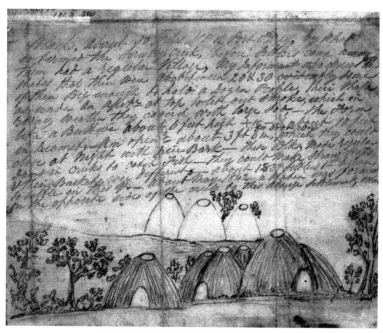

罗宾逊 1840 年前后所画维多利亚西南部的卡拉穆特(Caramut)村(保罗·梅默特供图)

根据希瑟·比尔斯与圭迪马拉部落成员合作研究所取得的成果,西维多利亚州康达湖和泰伦达拉(Tyrendarra)的石屋是最著名的石屋之一。温达-玛拉原住民合作社(Winda-Mara Aboriginal Cooperative)在泰伦达拉的村庄进行旅游开发,而圭迪马拉则在塔山(Tower Hill)开发文化旅游。除了房屋本身的遗迹之外,这些物证也从早期的殖民者如詹姆斯·道森和彼得·曼尼福德(Peter Manifold)那里得到了证实,他们曾详细地描述过这些建筑。[47]

在康达湖的一些实例中，建筑物共用墙壁以增加牢固度，有些石屋在室内安装了门。屋顶通常是用茂密的草或树叶覆盖，但许多屋顶覆盖的是厚实的草甸土，草的一面朝里。下大雨时，屋子中央的烟囱会用一块草皮封住。

早期出自诸如罗宾逊等定居者和殖民地管理者的报告提到了能容纳50多人的建筑物，但最常见的是一个直径3到5米、高2米的圆顶建筑。当一个家庭有更多的孩子时，就会加建房间，或者在更大的建筑中用内墙分割开来。玄武岩在该地区很常见，它们被用来建造渔栅和房屋。如前所述，这些建筑材料经常被殖民者擅自征用，用于建造今天在该地区看到的玄武岩制成的农场栅栏。具有讽刺意味的是，这些栅栏如今被作为遗产受到保护。这些房子入口处可以用树皮和木料做的门来关闭。室内没有人的时候，挂在门上的树枝会告诉部落的其他成员这家人去哪里了。罗宾逊说起过这套传递信息的方法。在他作为原住民首席监护人的旅行中，他画了各种各样的房子。大多数房屋都有低矮的石墙，以及茅草或草皮圆屋顶。有些房屋还有一道辅助的弧形墙，用来挡风，使整个建筑的平面图大致呈数字6的形状。有墙的那部分似乎被设计成一种庭院。

罗宾逊的画简洁而又形象。他报告说，蜂窝形或围栏形的墙和屋顶非常坚固，足以让"一个人骑马越过"[48]。有人会纳闷，这个观察结果是如何得到证明的？房主对做这样的实验又会有什么看法?

康达湖的大村庄和水产养殖综合体已被提名为世界遗产保护项目,这得益于社区的眼界和不懈努力。它现在被公认为是世界上人类发展的重要场所之一。

对早期原住民住宅感兴趣的读者会发现,保罗·梅默特的书提供了大量关于原住民建筑风格的细节和说明,同时也表明了这些建筑真的是无处不在。例如,他记录了研究人员在西澳大利亚海岸高崖岛那里发现了数百座石头建筑。这个岛只有1公里长,但定居点却非常密集,只有劳动非常密集的捕鱼和手工制品生产才会有人口如此高密度的定居生活。这可能只是一个季节性的营地,但一直有人居住的可能性还是存在的。

其他石头建筑

比尔斯曾记录过其他一些建筑,包括两堵平行的墙,长6米,间隔约1米。这些建筑中有一些的用途人们还在猜想中,但是这些村庄的复杂程度表明,还需要作进一步的调查才能彻底搞清楚。研究人员约翰·莫里森和琳恩·拉塞尔(Lynne Russell)仔细考量了澳大利亚各地发现的各种石头阵列,以及殖民时期的澳大利亚为何铁了心要证明这些石头阵列并不是原住民建造的。

莫里森对在维多利亚州不同地区看到的巨石阵列作了一番研究,他认为这些石头阵列是用来预测冬至或夏至的。他通过计算发现了石头阵列与天象的精确关联。要吸引人们关注并资助这类研究一直都很困难,但随着证据的增加,一个新的研究领域肯定会发展起来。

有悖常理的是,有些早期的殖民者故意夸大了一些建筑部位的尺寸,他们以此为根据,认为原住民不具备建造如此大型建筑的能力,说这些建筑的起源是在遥远的过去,是某些与世隔绝的欧洲人所造。《澳大利亚新闻画报》(Australian Illustrated News)1877年刊登了一幅维多利亚大象山上一些竖立的石头的版画,当然是有点夸张,就是想夸大巨石阵的比例。面对长期有人居住的证据,有些人甚至仍想推断这件作品是外星人留下的。

欧洲人对原住民建筑的诋毁有好几种形式。探险家欧内斯特·吉尔斯对原住民的成就不屑一顾。这种偏见将他的种族主义挤牙膏似的一点一点地挤了出来,所以你会毫不奇怪地在他留下的文字中读到,当他发现一个个巨大的石头堆且石头堆中央铺着巨大的石板时,他会毫无根据地擅自认为它们是食人族献祭的场所。这些石堆如果不是老房子的遗址,就可能是重要人物的坟墓,但要吉尔斯不带贬义地描述它们,那期望就太高了。

其他探险者和以优厚条件从政府处取得放牧权的人把脚踩在坟墓或房子上拍照,就好比非洲大型猎物狩猎者声称犀牛理应是自己的战利品。这一姿态充分体现了这个叼着烟斗、战利品在手的猎人的观点,当他几乎毫无愧疚地取得对这个国家控制权时,他根本不会想要知道创造这些遗迹的文明究竟意味着什么。

在英国殖民主义的影响下,人们会刻意地低估原住民的成就。北美原住民的大型建筑也同样遭到忽视,或者被记在早期欧洲人的名下;而在南非,塞西尔·罗兹(Cecil Rhodes)规定,任何人提及在罗得西亚(Rhodesia)(如今的津巴布韦)发现的马绍那(Shona)人的巨型建筑,都算是违法行为。很明显,那些建筑是马绍那人建造的,但为了使他的掠夺合法化,马绍那人的成就必须被否定。

人类学家哈里·艾伦(Harry Allen)2013年在澳大利亚国立大学的历史研讨会上发表评论说,人类学家在思考澳大利亚原住民问题时,是在与澳大利亚人的还原论思想作斗争,但是总以失败而告终。他认为,许多人仍然以航海家威廉·丹皮尔(William Dampier)的思维和眼光来看待这个大陆。

如前所述,夸大原住民建筑的规模是另一种殖民策略。麦克尼文(McNiven)和拉塞尔是这样说的:

> 大象山巨石遗址帮助欧洲殖民者将他们承继澳洲大陆的权利合法化。欧洲人的殖民运动简直就变成了一个(重新)占有他们遗失的遗产的过程……(这)就是非洲、美洲和澳洲的欧洲殖民者所采用的一种战略,目的是将原住民与他们的过去分离开来,从而让白人搭上关系,这样就可以打

着重新占有的幌子,行开始霸占之实。⁴⁹

然而,澳洲的许多土著建筑都是大规模建造出来的。一些石头阵列的尺寸根本不需要夸大,因为它们本身就占地好几公顷。类似建筑在全国各地都有发现,还有类似于康达湖的石头建筑。⁵⁰在西澳大利亚的金伯利地区,非常结实的住宅是用砂岩平板建造的,还有各种遮阳屋,在白天为人们提供保护,躲避高温。还有许多与石制渔栅或纯宗教性质的石头建筑物。

所有的大型建筑和村庄都有炉灶和加工食品的工具。其中一些建筑物非常大,而且使用时间很长,由于每天早晨原住民们从烧火的地方扫出灰烬堆积在这些建筑的地基上,所以它们比周围的地面高出好几米。迟至1841年,罗宾逊还在墨尔本附近看到过大型烤炉,有些宽达3米。烤炉被用来烹饪食物,其烹饪方式与毛利人的地下炉灶和巴布亚人的石头烤炉相同。

石头还被用来建造藏身处,以便从那儿出发去捕猎动物和鸟类,也用来保存祭祀用品。烤炉和粮仓是用石头加泥灰浆建造的。井盖用大块的石板磨成合适大小,能够严丝合缝地盖在井上,以防止动物和垃圾污染水源。在维多利亚州的尤杨斯山(You Yangs),就在10年前还有一口这样的井,上面盖着一块巨大的石盘,但它被那些故意破坏者移走,滚下了山。

2009年,有人带我去看了南澳大利亚马里(Marree)附近的一口井,尺寸虽小却很重要。在那里,小块的石板被交错排列,以保护井不受动物的侵入,并减少水的蒸发。在打开或关上这口井之前,都要举行虔诚的仪式。

梅默特描述了许多由不同材料建造的建筑,但大多数都依赖于圆顶的强度。在澳洲大陆的东南部,人们经常使用鲸鱼骨,那一段一段的鲸鱼骨呈辐射状排列于屋顶,在中心汇合处加以固定,然后用茅草覆盖,鲸鱼骨固有的曲线会产生巨大张力,使房子变得结实。

梅默特引用了伟大的丹麦航海家约根·约根森(Jorgen Jorgensen)对塔斯马尼亚西北海岸此类建筑所作的评论。约根森自己就是一个很有趣的人物,后来他回到冰岛,成了那里的君主。他在澳洲看到的建筑既美丽又整洁,给他留下了深刻的印象。他注意到其中一个"蜂窝"状的圆顶小屋直径超过7米。[51]

1974年,比尔·莫利森(Bill Mollison)报告说:"这些被切割成斜坡的小屋地基如今在海岸沿线随处可见,足以证明它们的大小和结构。"[52]有些房子能容纳15个人,还使用了经蒸汽熏蒸而弯曲的木材。据记载,远在大澳大利亚湾(Great Australian Bight)也有用鲸骨梁建成的类似建筑,梁的缝隙处和屋顶都是用树枝和干草填充和覆盖的。

在大陆的内部地区,原住民在建造挡风墙和完全围起来的

第3章 人口与住房　　127

马里的井（林恩·哈伍德供图）

圆顶房子时，都使用了整棵的三齿稃。一丛丛的三齿稃堆放有秩，使得每一株植物的根球和土块都在屋顶上会合，而让叶片往外向下伸展。有时人们会在三齿稃上抹上一层黏土。许多人都注意到了这种防水的覆盖层，包括汤姆森在内，他在与宾土比人（Pintupi）接触之后谈论到了这种风格的房屋。[53]

瓦尔马贾里（Walmajarri）艺术家吉米·派克（Jimmy Pike）描述了在西部沙漠用草和泥覆盖类似建筑的过程。[54] 建筑师彼得·汉密尔顿（Peter Hamilton）补充了一个关于西部沙漠建筑物的趣闻轶事，这种建筑物很可能也应用于其他地区。汉密尔顿推测，其低屋顶的风格很可能是为了让室内变得昏暗以防止苍蝇飞入。许多人在其他地区的也观察到了这一特点。苍蝇在澳洲很常见，非常讨人嫌，但令人讨厌的绿头苍蝇有许多是跟着羊群一起才进入澳洲的。虽然如此，丛林小黑蝇仍然知道如何秀出它们的存在感。

用于宗教仪式的建筑物

许多设计特征都带有明显的宗教色彩，有关这些建筑物的传说都与创世故事相关。建筑构件的名称通常具有双重含义，表明其在宗教上和实际生活中所具有的功能。

东阿伦特人（Arrente）说，有位拥有非凡智慧的人传授给了他们建造房屋的方法。其中之一是如何摆放植物的叶子，使叶片顺着叶脉的方向层层相叠，以达到防雨的效果。对播种和灌溉谷物作过说明的普鲁拉人（Purula）沃尔特·史密斯也曾提及这个故事。[55]

由于建筑风格与神话存在着联系，因此某些符号，如有茅草裙边的栋梁，以及支撑屋脊的叉梁，是某些当代仪式和艺术的主要特征。正如梅默特所指出的，这些符号带有宗教色彩，但你仍可以想象一下叉架和梁柱可能蕴含的象征意义。

"死后埋葬在墓地"是另一个被考古学家认可的定居标志，在探险者的日志中有大量的例子。

在澳洲许多不同的地方，坟墓上竖立着各种各样的建筑

第3章 人口与住房　129

约1899年新南威尔士萨顿森林（Sutton）附近的标记，村庄和墓地通常由画和刻在树干和木料上的图案所标记（迈克尔·扬供图）

物,在这些地方,人们仍然可以看到那些遗留下来的文化习俗。我们现有的许多关于坟墓和墓地的照片表明,墓地选定的位置是因为它的美丽,而许多照片上还有树枝和藤蔓交叉而成的棚架,我们可以认为这些棚架是为了增加墓地的美感而专门栽植的。

许多早期定居者和探险者都注意到了围绕墓地和举办仪式场地所造的景观和花园,其中一些的遗迹今天在偏远的地方还能够找到,比如维多利亚州东部的马宁里达（Maningrida）和豪伊角（Cape Howe）。[56]

2010年，维多利亚州中部的第四代农场主内维尔·奥迪（Neville Oddie）向我展示了他在巴拉瑞特（Ballarat）附近农场上一连串的环形树①。一个举行仪式的场地就坐落在一片野生草地的边缘。家族记录显示，这片土地从未被开垦过，他也继承了家族的这一传统。

奥迪热衷于保护这片殖民地时期前的原始草地以及那个俯瞰平原、用于举行仪式的树林。那片树林里的树曾被改造过，在树木还是幼苗的时候，原住民把树的主枝交织在一起，这样，当它们长大后，主枝会交合在一起，形成椭圆形的天窗，或是形成一个环。一些人猜测，这个设计中含有性的元素。我在维多利亚州的其他地方也看到过类似的有趣例子，很想知道原住民在设计这些棚架时是怎么做的。

来自沃尔格特的简·派（Jane Pye）住在她家已传承好几代人的地产上。令这家人感到自豪的是，这片土地上那些数量众多的曾被原住民改造过的树得到了保护，并继续将当地的原住民社区也纳入在这种保护之下。下页的两幅图所示为这片土地上数百棵经过改造树木中的几棵。

一些独木舟树有一个设计特点是，独木舟的上端或下端有一个与众不同的球状物。最近，我在新南威尔士州南海岸的贝玛圭（Bermagui）看到了一棵与此非常相似的独木舟树。

---

① 通常是澳洲桉树，它们的树枝被瓦提瓦提人定型成环。——译注

经过改造的树(简·派供图)

新南威尔士州彭德斯有一片桉树林,有迹象表明,这些树在成长过程中经过一定程度的园艺塑形;而在维多利亚州和新南威尔士州交界的巴拉库塔湖附近有一块举行土著男孩成年仪式(bora)的地方,看得出来这片小树林最初就是规划用来举办仪式的。现在这片树林长满了矮灌木,但只要发挥一下你的想象力,你就能感受到它的美。我把这两个地方都写进了我的小说《老兄》(*Bloke*)里,因为它们是那么的和谐和宁静。

托马斯·米切尔的日记是关于葬礼的重要记录,因为不仅有现场记录,而且还有附图。他所画的达令河附近的米尔梅里登（Milmeridien）墓地非常美丽，令人感到宁静安详：

> 这个墓地如童话一般，建在一处低矮下垂的金合欢树林中。墓地很大，中间设置了一些狭窄但很平坦的走道，仿佛专为"精灵"而设；走道呈优雅的弧线型，蜿蜒穿行在一座座的红土堆之间，与周围的金合欢树和深色的木麻黄树相得益彰。另一些小路长满苔藓，延伸进灌木丛的深处，那儿还能看到一些更古老坟墓的痕迹，证明这些看似简单但却感人的人类记录已年代久远。不管我们今天多有能耐，我们能为死者做的也不过如此，超越不了这些可怜的野蛮人已经达到的水平。[57]

只要看过米切尔画的画，你就不大可能还会坚信澳大利亚历史坚持要我们接受的对原住民所作的粗野描述。

在阿纳姆地的马宁里达，在逝者下葬后按一个个步骤举行的悼念仪式上，人们仍然可以看到在坟墓上有用树枝搭成的棚子或低矮的遮阳篷。有趣的是，梅默特的书中展示了一份马宁里达镇1970年的城镇规划；尽管马宁里达如今已经发展成一个有3 000人的小镇，但当年那份城镇规划的样貌仍然依稀可见，因为它是建立在将不同的语言和文化群体在空间上各自分离的基础之上的。让人感兴趣的是，2010年马宁里达有9支橄榄球球队、3支英式足球队和数支其他运动队，比赛很活跃。7天内

米切尔画笔下的达令河附近米尔梅里登墓地
（南澳大利亚州立图书馆供图）

进行4场标准的比赛，其他日子的晚上则进行训练，之后还有乐队演奏现代和传统音乐，这种情况并不少见。这是一个生气勃勃且非常有趣的社区。

现代马宁里达小镇令人着迷之处在于房屋附有室外生活空间。所有的原住民社区，无论他们建造的是石墙茅草圆顶房还是更为敞开的棚屋，都在建筑外预留了空间，以便在天气好的时候在那里睡觉和休息。

群体之间的社交互动对维持社区生活至关重要，户外生活空间促进人们进入更广泛的社区并进行更广泛的社交互动。经常可以看到人们坐在自己的房子前面，看着他们所在社区的邻居们来来往往。即使在维多利亚州的城市地区，人们仍然这样，因此要想走过原住民的住所而不被注意到几乎是不可能的。

梅默特、汤姆森和汉密尔顿等人对居住空间的研究表明了室内外空间衔接的重要性，而这一点在当代原住民住宅项目的设计中却并没有总是被考虑进去。

这只是对传统土著建筑技术的一个小小的回顾；虽然许多建筑很简单，但也有许多建筑不仅复杂而且是永久性的。研究这些资料的重要性在于，要打消澳大利亚人的一种普遍看法，即澳大利亚原住民和托雷斯海峡岛居民所建造的建筑再简单不过了，无非就是把一片树皮搭在一根树枝上。

米切尔所画的坟墓（南澳大利亚州立图书馆供图）

布兰多夫斯基（Blandowski）根据斯特尔特的描述
所画的墓地（哈登建筑与人类学图书馆供图）

原住民掌握复杂的建筑技术，但这一点却从澳大利亚人的认知中消失了，其中的原因并没有那么重要，更重要的是要将它重新融入我们现代对传统经济的思考之中，这是非常紧迫的问题。倘若我们继续认为原住民没有建筑技能，那我们就更容易忽视原住民对土地的依恋。此外，抱着偏见坚持给原住民贴上"采猎者"的标签不利于他们重新找回属于他们的土地权利。

第4章

储藏与保存

陶器是西方考古学家用来检测文明发展水平的器物之一。乍一看，澳大利亚原住民似乎没有通过这一测试。中国、希腊或罗马那种经过上釉和烧制的精美陶器在这里没有被发现；然而，原住民却成功地制造出了黏土容器。虽然大多数只是晒制的碗，相对粗糙，有些是在柴火旁边烤制出来的；其他的，尤其是小泥人，是放在木炭上烧制而成的，有些是用矿物质涂料上了釉的。

这种方式的检测只能检验一个群体与欧洲和亚洲文明的相似程度，并不能反映出他们在其他领域取得的成功，如社会凝聚力、对战争的抵抗力以及对资源的可持续利用。

本章着眼于澳大利亚的陶器和食品保存，因为缺乏这些元素会被认为是社会落后的标志。这种态度造成了对澳大利亚原住民和托雷斯海峡岛民发展水平的偏见。我们指出澳大利亚原住民确实使用了烧制的黏土容器并用它们来保存食物，并不是试图说明澳大利亚原住民有多么优秀,而只是指出,如果这是检验发达程度的唯一手段,那么就不能说陶器在这个国家完全不存在。

如果社会发达程度的测试标准是所有人不论地位高低贵贱是否都能吃饱饭,或者是否所有人对所在文明的精神和文化健康都作出了贡献,那么原住民的澳大利亚在级别上可能比一些被认为是人类进化标志的国家要高得多。

用各种各样的材料制成的储物容器在全国各地都有发现。动物皮或肠子制成的储水容器是常见的随身物品。南部沿海地区的人制作了更小的储水器和水袋,如果是长距离外出的话,这些储水器更有用。在塔斯马尼亚,用巨藻做的水袋非常漂亮。光线透过它们发出琥珀色的光芒。虽然大多数澳大利亚人都没有见过甚至听说过这些储水器,但这并不意味着它们既不实用也不美观。

根据最早的记录,在澳洲大部分地区都可以看到用黏土粉刷的房屋或制作的储物容器,诚然,烘干和烧制这些容器的方法非常粗劣,导致残留下来的碎片在后世的调查中遭到了忽视。储存食物的容器在澳洲大陆各地也都有发现。虽然大多数器物很快就消失了,但在一些石室中发现了一些已经硬化的储藏物,因为有密封的石塞而被保存了下来。

格里森认为,剩余粮食的储存是农业国家的标志之一,他还定义了在澳大利亚使用的三种粮食储存方式:"暂存、囤积和……直接储存。"[1] 他将暂存定义为以某种方式保存并放置在安全场所的少量储存。他还举了个例子来说明什么是暂存,他提到了大沙沙漠(Great Sandy Desert)的库卡人(Kukatja)和宾土比人,他们收获金合欢和桉树的种子,然后种子上面盖上三齿稃,留待当年晚些时候其他食物都吃光时再来取用。

囤积食物最常用在大型仪式举办之前。当举行大型仪式时,需要为数百人提供食物。许多探险者都看到过这样的储存方法,原住民们利用这种方法来确保仪式顺利进行。

根据格里森的定义,直接储存是利用由黏土和稻草搭成的储藏室来储存"种子以及水果、坚果、树胶、各种植物的块茎、蛋、肉、鱼、鱼油,甚至还有贻贝"[2]。人们曾发现多达50多公斤的储粮被发现完好无损地储存在用兽皮缝成的粮仓中。原住民有时也使用空心树和石井作为储存室。

皮袋子经常用来储存粮食和其他农产品。探险家查尔斯·柯克森(Charles Coxen)在卡斯尔雷河(Castlereagh River)附近发现了45公斤的谷物,阿尔弗雷德·霍伊特在普拜尔角发现了50公斤的储粮。在巴克利高原(Barkly Tableland),阿什温发现了一个有50座小屋、由一个直径达180米的围栏围起来的定居点,那里的人们有更为复杂的储存方法:"一个面积很大的茅屋,中间有7英尺(2.1米)高,直径约16英尺(4.8米),存储了17个4—5英尺(1.21—1.52米)长的大木盘子,放满了稻谷一样大的草籽。"³ 此处储存的粮食相当于 1 吨那么多。斯特尔特、吉尔斯和其他一些人发现的多达数吨的谷物前文已提及（见第 1 章）。

在搜寻伯克和威尔斯时，霍伊特对所见粮仓之一这样描述道：

> 在利普森湖（Lake Lipson）附近，我的一个伙伴在一个抹着泥土的草制箱里发现了大约两蒲式耳的东西。它看起来像一个黏土小棺材，被掩藏着……这坨木秋［马齿苋、大柄苹］面味道像亚麻籽面，在灰烬中烤熟了之后趁热吃的话味道还不错。⁴

各种各样的食物被加工后储存了起来，但是随着放牧者的推进，这些部落被迫不断迁移，保存食物变得更加困难。

最早的欧洲目击者说起过原住民各种各样的食物保存方法。树胶被做成扁平的饼状物进行保存，磨好的面粉被揉成大圆球，干燥后保存。饲料鱼粉和食用鱼粉的储存也都有记录，但是其他许多日用食品，包括毛毛虫、木蠹蛾幼虫、蚱蜢、肉和肝脏等，在保存之前都有各自不同的处理方式。这类食物储存的时候常被抹上一层特殊的木灰，待到日后食用时，会先与种子磨成的粉混合，然后再烹饪。⁵

这种保存和处理食物的技巧使原住民可以将原本有毒的食

物变得可以食用。露兜树果和苏铁果经过严格的冲洗和浸泡处理后,就可以去除大量有毒的生物碱。

在一年中的某些时候,有些薯蓣会变苦并含有生物碱,但依然有解决的办法。下面的食谱是用来解决这个问题的众多方法之一:"先把块茎煮个半熟。切成圆片或滚刀块。然后把切好的薄片涂上湿的赤桉灰,直到完全包裹在糊糊里,最后在合适的炉灶里烤上一夜。"[6]

大柄苹(苹属)是一种让伯克和威尔斯吃尽苦头的植物,其硫胺素酶含量非常高,因此在作进一步的加工包括捣碎、簸去糠皮和烘烤之前,必须小心地将其冲洗干净。硫胺素酶会阻碍维生素B的吸收,这也许可以解释为什么那些探险者无法靠这种食物活下去。如果伯克没有向那些正试图让他活下去的人开枪的话,那么他那在劫难逃的探险队或许就能让原住民们解释清楚烹制大柄苹所必需的加工方法了。

大柄苹顶部的绿叶蒸熟之后可以食用。难怪这种植物在土著文化中占有重要地位。

另一种如果不处理就有毒的植物是螺旋大泽米(泽米属)。烘烤并捣碎成糊状后,放在水里2到3个星期,这样才能去除毒素。早期的园艺学家安塞尔姆·托泽(Ansthelme Thozet)说,火柴盒豆也需要进行类似的复杂加工。

有些植物产量很高,能为大群人口提供食物,不仅在收获季节是如此,而且当粮食能够储存下来供食用时,之后也可以。比如，南洋杉属松柏科的大叶南洋杉就是一种果实累累的植物，大量的果实收获后被储存了起来。

夏季，成群结队的布冈夜蛾飞到了澳大利亚山脉，吸引人们在此大量聚集。澳大利亚山脉是一个重要的文化知识中心，辐射周边的所有部落，这一季节性的盛宴必定是一场引人入胜的政治和社交活动。参加捕蛾大会的部落有很多，包括马内罗人（Maneroo）、比德维尔人（Bidwell）、纳利奥人、尤因人、塔瓦人（Thawa）、迪里昂人（Diringanj）、瓦尔邦加人（Walbanga）以及来自堪培拉的努努瓦尔人（Ngunuwal），但他们仍只是其中的一部分。

大量的飞蛾从岩石的缝隙中被收集起来，要么是被扫进异叶瓶木纤维制成的网兜里，要么是被掸进袋鼠皮囊中。将飞蛾放入滚烫的灰烬中翻炒一小会儿，炒到翅膀和腹足都被烧焦脱落后，把蛾子取出来放在一个树皮做成的浅盘里冷却，然后收集起来，用网筛一下，把它们的头都给筛掉。之后，原住民吃掉昆体，或把它们磨成糊状，做成面饼，烟熏后保存。

约克角的牧场主威廉·贾丁（William Jardine）注意到，这些蛾子被"放入滚烫的沙炉里，马上用沙埋住；几分钟后，它们就烧熟了，取出来的时候它们看起来就像一个个漂亮的白色谷粒，散发着骨髓的香味"[7]。

乌鸦们也飞来一起参加这场盛宴，它们都吃得肥肥的，太过专注于享用美食，不料却被原住民们敲晕了头，然后被吃掉。这时候的乌鸦绝对是美味，因为它们吃了飞蛾脂肪后，肉变得又肥又香。

在收获飞蛾时，人们非常小心地处理捕获的飞蛾，如果在烹饪的时候把飞蛾的身体烤焦的话，据说就会出现一场大风暴，把飞蛾吹离航线，吹到海里去，大部分的收成都会化为乌有。白人定居者目睹过这样的风暴，而风暴会给捕蛾者造成巨大的困难。[8]

烹饪、储存和食物加工方法都受到严格的规范和宗教的约束。在大陆的北部地区，薯蓣雏菊的收割必须按照严格的规定进行。薯蓣植株不能被过度损害，块茎不能受损，否则收割者将受到一定的惩罚。南方的薯蓣雏菊收割也有类似的规定，所有这些都是为了确保对植物的保护。

这种饮食富含脂肪，这一点得到了定居者的证实，他们看到原住民在收获飞蛾后健康地返回，因为食用了飞蛾脂肪一个个都红光满面的。[9]这种蛾子50%到60%的体重都是脂肪，所以一季的收获量就能养活这么多的人。

储存这些食物需要各种各样的储藏容器，但在过去10年里，人们发现了使用铸造材料的另一个例子。在澳大利亚中部发现了一个遗址，里面有几十个由石膏或类似材料制成的球形容器。[10]巴泽多（Basedow）和其他一些人在澳大利亚的许多地方都发现了这些人工制品，但众所周知它们非常易碎，在羊群和牛群穿越土地时造成的冲击下，或者在取得放牧权的欧洲人焚烧原住民村庄的时候，它们往往无法幸存下来。这些器具是丧帽，或寡妇帽，是土著妇女在丈夫死后戴的。制作它们时，先编织细绳做成一个模子，然后再覆上一层白色的石膏黏土，土著语叫"科皮"（kopi）。

寡妇帽是在伯德斯维尔附近的辛普森沙漠（Simpson Desert）被两位旺加库鲁（Wangakurru）长老发现的，他们正在追溯他们的长老们告诉他们的故事线。这个遗址里有40顶帽子，还有一些大磨石，表明这个坟墓属于一个地位很高的土著先人。这些帽子质量非常好，所以它们在恶劣的环境中得以保存了200年。在外客入澳前的艺术作品和外客入澳后的摄影作品中经常能见到它们的影子。还有一种可能是，这些帽子是在更

石膏帽——使用模制材料的又一例证（哈登建筑与人类学图书馆供图）

近的年代里，由那些维护着土著文化传统并将它一直延续到殖民地时期之后的人制作的，但它们由于与早期陶器有关，因而作为手工制品而被留存了下来。

墨尔本库利遗产信托基金的马雷·克拉克（Maree Clarke）在她2012年的展览中突出展示了这些物品，并举行了与丧葬相关的仪式表演。她的照片不仅扣人心弦，而且及时地提醒人们，澳大利亚人对原住民的知识和制造业的了解不过一鳞半爪。

格里森引用了奥菲瑟（Officer）的话，他说一些仪式上的物品是由石膏制成的，他说："先把石膏烧化，然后与沙子和水相混合，搅拌成胶结材料，塑造成所需的形状，然后显然是通过刮削完成了最后的工序。"[11]

制作黏土和石头炉灶用到了制作陶器所用的所有方法，一些墓室使用了同样的方法。同样，水井的井壁也常常是趁井枯干的时候被贴上烘干的黏土再加以烧制而成的。

人们发现，有密封盖子的长方形槽里装满了谷物，许多存粮和其他食物都储藏在袋子里，然后在外面涂抹上黏土，起到防水的效果。[12]

屋顶的黏土涂层能使雨水顺着斜坡滑落，并使室温保持在适宜的水平。覆盖屋顶的这些护面板都是在阳光下晒干的，其牢固度和耐用度按照乔治·奥古斯都·罗宾逊的话来说足以在上面骑马。

澳大利亚原住民和托雷斯海峡岛民的文明似乎会朝着使用

更大、更复杂陶器的方向发展,但是许多被人类学家称为已经走出狩猎采集时代、大步迈向农业社会的原住民部落却从未使用过任何形式的陶器。[13]

我们必须小心谨慎,不能仅仅凭借西方文明所遵循的历史道路来选定文明的标志。正如《1421 年》一书的作者加文·孟席斯(Gavin Menzies)所指出的,如果你假设只有西欧国家达到了文明的阶段,你就必须表现得好像中国人不是第一个发明火药、陶器和天文导航技术的人。

在 18 世纪之前,中国可能是世界上最先进的国家,但他们并没有全部按西方人所认定的步骤走向文明。种族偏见会影响观察和推理。

学术界同样的偏见也落到了澳大利亚土著文明的头上,在此过程中,大量的原始文明证据被认为纯粹是异常现象而遭到了抛弃。随着这种理念牢牢地植根于学生们的头脑中,土著人就是一群不幸流浪在地球上的原始人的形象让澳大利亚人为土著人感到"遗憾",并将他们从民族意识中摒除在外,也就只是时间问题了。

一些现代考古学家认为,考古学只不过是另一种殖民战略,目的是证明西方国家占领"蛮荒"之地是合理的。哈钦斯(Hutchings)和拉萨尔(La Salle)说:"考古学一直与帝国主义和资本主义的扩张联系在一起……那些所谓土著民族在自然、文化和种族上处于劣势地位的'证据',就是为了迎合那些人的利益而已,他们得为自己在追逐利益过程中所从事的征服、同化和奴役进行狡辩。"[14]

他们引用了麦克尼文和拉塞尔的论断:

> 考古学家和史前学者创建考古记录,从而从科学的角度证明关于野蛮的殖民主义观念和假装的进步主义都是对的,使人们毫不怀疑土著民族,特别是"采猎者",就是原始人……[而且考古学]与科学的严谨性关系不大,而都与殖民意识形态和某类人群有关……这些人希望找到科学依据,使对原住民土地的殖民掠夺合法化,并使当代原住民土地所有权主张失去合法性。

澳大利亚原住民和托雷斯海峡岛民强烈要求改写澳大利亚历史,这令许多澳大利亚人感到恼怒,但土著人民在生命中的每一天都不得不去捍卫自己的历史、文化和经济。

以下事件或许能例证原住民低人一等的思想是如何影响当代澳大利亚实现种族和解的。

2009年,我给妻子定制了一个度假计划,这样她就可以实现毕生的两个梦想:看昆士兰州北部的土著艺术;观赏海龟上岸产卵的场景。

澳大利亚的某个机构出版了一份非常有价值的季刊,展示了澳大利亚的地理环境,该机构还提供了一个看起来很理想的旅游套餐。这个套餐并不便宜,但我很高兴能给我妻子一个难忘的假期。他们向我们承诺会有艺术、科学和自然历史领域的专家在场。第一天晚上,我听其中一位专家复述他驾着一辆四轮驱动车穿越金伯利的冒险故事。我入迷地听着驾驶四轮驱动车辆去冒险的故事,直到听他说到了守护者。

回忆还在继续,我却因震惊而陷入了沉默。这位土著艺术专家开始吹嘘他如何欺骗了当地的土地委员会,允许其进入他们的禁地。

我们伟大的澳大利亚地理学家们永远不会想要闯入松树谷①的军事设施,或者去皮尔巴拉铁矿中独自游荡;但是,当原住民礼貌地拒绝他们进入文化禁地的请求时,他们就去了当地警察局。

警察像通了电似的立马出动了,终于逮到机会可以去挫一挫傲慢"黑人"的权威了。他们告诉我们的冒险家们:"如果我们发现有人犯罪,我们就可以想去哪里就去哪里。""我们察觉到有人犯罪了,"他们得意地笑着说。

于是警察护送那几个驾驶四轮驱动车辆的英雄进入土著男孩成年仪式举行地。一到那里,他们就把啤酒罐扔进圣水,然后轮流用警察给的格洛克手枪向啤酒罐射击。

---

① 松树谷(Pine Gap),位于澳大利亚国土中央,是一处由美国与澳大利亚共同营运的卫星地面观测站,距离东北方的爱丽斯泉(Alice Springs)约18公里。松树谷的领空是澳大利亚唯一一处禁止进入的区域。——译注

这位"探险家"对自己在与土地委员会的较量中获胜感到洋洋自得，而对许多澳大利亚人来说，他做出这种事情似乎也只不过脸皮有点厚而已。但是随后在当地的土著长老带着他们的年轻人来到这个成年仪式举办地时，他们却发现里面到处都是弹痕累累的啤酒罐。

这件事最令人不安的是，它损害了长老的权威。他们试图向年轻人强调维护文化和保持负责、戒酒的生活方式的重要性。年轻人马上就会明白，澳大利亚根本不尊重长老的权威。

这个故事所显示的对原住民充满蔑视的态度令我震惊，但我没有告诉我的妻子，因为我们再过3天就要去看海龟了，这点时间我当然还是能忍的。

两天后的晚上，我们围坐在公共炉火旁，那位艺术大师又开始嘲笑金伯利的艺术和文化，声称那组"布拉德肖"岩画（即1891年牧场主约瑟夫·布拉德肖发现并记录的一组精美的岩画）其实是亚洲人的作品，因为这些画太美了，根本不是原住民能画得出来的。

在印度尼西亚弗洛雷斯发现"霍比特人"骸骨的考古学家迈克·莫伍德（Mike Morwood）正在对这些画作进行深入研究。他认为这些画已有4万至4.5万年的历史，可能是更早时期移居澳洲的人画的。然而值得注意的是，他提到阿纳姆地也有类似的艺术作品，在那里，一片掉落的画片就可以让人们有机会用热发光技术测试它下面沙子，以测定残片掉落的年代。

新的分析结果将会非常有趣,但在澳洲其他遗址,有人描述过那些地方有类似仪式专用的服饰,那里留存的艺术作品似乎否定了早期金伯利画家来自异族的说法。

西澳大利亚大学教授彼得·韦斯(Peter Veth)承认存在争议,但他说:

> 文化消亡的说法并没有广为人们所理解,也没有得到什么支持……然而,我们确实有气候变化的证据,也能证明人们艺术表达的风格各不相同,[但是]……艺术风格改变了并不等同于它出自一个新民族之手……许多地方的土著艺术中都出现过风格显著改变的现象。[15]

的确,任何艺术社区在艺术风格上都会发生风格显著改变的情况。

我以前听过"高级文明"理论,但即使是该旅游机构自己的杂志,前一个月的刊物上还有一篇关于"布拉德肖"岩画起源的长篇文章,其中就驳斥了白人"专家"听到原住民说"这些画不是我们画的"时产生的误解。[16]这些画的确不是他们画的,而是他们的祖先画的。对于许多艺术专家来说,这是一个太难理解的概念,所以他们索性认为艺术是更加先进的民族方可为的事情。还有什么方式比这更能诋毁土著文化?

我试图向那几个四驱牛仔指出,西澳大利亚大学以及他们自己的杂志都已摒弃了这样的胡言乱语。但"专家"们注定不会就这样接受别人的否定，所以用大喊大叫的方法压倒我们的声音。于是，我们便与他们分道扬镳，开始独自旅行。

  我们的确看到了海龟孵化，也的确开心地花了两天时间参观了劳拉(Laura)岩画遗址。我们还在洛克哈特河与家人共度时光，但与白人专家同行的经历仍让我觉得糟心。被人贬抑没有不令人讨厌的。

第 5 章

治火之道

在澳大利亚,火的使用一直占据着澳大利亚人想象力的核心地位,在2009年2月维多利亚州发生可怕的火灾后,"火"在澳大利亚人的心上留下了更深的烙印。173人丧生,414人受伤,2 029栋房屋被毁,15亿美元的财产损失,使国家的注意力转向了火在国民心态中所扮演的角色。我们怕火。

但事情并不总是这样的。

像辛格和克肖这样的孢粉学家有证据支持这样一个事实:超过12万年前,澳大利亚原住民就开始把火作为工具使用,尽管大多数考古学家认为人类在澳洲大陆生活的历史不会超过6万年。

蒂姆·弗兰纳里(Tim Flannery)在他的《未来的食者》(*The Future Eaters*)一书中指出,4万年前,原住民使用火导致了澳洲巨型动物的灭绝。麦考瑞大学(Macquarie University)

生物科学学院的吉姆·科恩（Jim Kohen）指出，一些地区的巨型动物直到1.2万年前开始的全新世还存活着。他认为，原住民对火的使用给植被带造成的是渐变，这些变化反映在他们的工具制作方法上。随着草原的扩大以及大型动物群的逐渐消失，原住民从狩猎大型动物转向狩猎小型动物，并越来越依赖谷物和植物块茎。

科恩认为，2 000年前，为了捕猎包括鱼和袋貂在内的小型猎物，制造矛尖的技术就发生了巨大的变化。对谷物和块茎的日益依赖也引发了工具创新，包括胡安刀，格雷戈里曾看到有人用这种刀来收割谷物。用于削尖木棒（如挖掘棒）的扁斧产量增加了，这说明薯蓣雏菊的种植正变得更加精细。

如前所述，一些研究人员认为，所谓的集约化时期在澳洲开始得更早。鲁珀特·格里森、比尔·甘米奇、贝丝·戈特、珍妮特·霍普、哈里·艾伦、约翰·布雷（John Blay）、蒂姆·艾伦等研究人员，已经开始对原住民土地使用的方法进行创新性的思考和调查，他们的研究将挑战科学家们迄今为止对澳洲殖民地时期前的历史所作的几乎所有的假设。

早期的人类学家和历史学家认为，持续地火烧灌木是一种催生嫩芽以吸引猎物的简单方法。然而，最近的调查（比如上面的那些调查）以及对探险者观察结果的回顾，使我们看到了一个更加复杂的用火法。

林火灾害，如维多利亚州的黑色星期六大火，通常集中在潮湿的硬叶花楸林，但对树芯作分析后表明，在欧洲人到来之前，这些森林野火在很大程度上是不确定的。原住民对这些森林的管理方法尚不清楚，但定居者和探险者的第一手资料表明，他们采用了一种交错式浅焚烧的方法。较好的土壤用于生产，而较差的土壤留给森林。

这些森林周围的地区似乎一直有人经营管理。几乎所有早期到澳洲的欧洲来访者都说起过经常性的小规模焚烧。戈特引用托马斯·米切尔的话：

> 以前在这里，一个成年男子可以毫无障碍地飞奔数英里，能看到前面很远的地方……可如今，由于土著人不再定期焚烧杂草和小树苗，所以在悉尼附近的疏林地带已经变成树龄尚小的茂密森林了……在那里再也看不到袋鼠，草被林下灌丛盖没而枯萎；没有土著人焚烧禾草了，当然在定居者的篱笆之间放火烧草也不是一件受欢迎的事情。[1]

米切尔偶然发现阻碍今天在澳大利亚进行控制性焚烧的原因：农场围栏。建造围栏要花很多钱，搭建饲养牲畜、堆放干草和设备的外屋也很贵，更不用说私人住宅的建造以及电力和灌溉线路的铺设了。

1789年，菲利普总督看到森林里的树木彼此之间至少有20

到40英尺的间隔,而且几乎没有灌木丛。[2]早在1827年,彼得·坎宁安(Peter Cunningham)就曾描述,帕拉马塔(Parramatta)和利物浦(Liverpool)的乡村地区树木稀少,没有灌木丛,你可以驾着轻型马车朝任何方向行驶都不会受到任何阻碍。第一批欧洲移民由此联想到了英国修剪整齐的公园。[3]

在原住民被阻止进行他们传统焚烧耕种法之后,没过几年,乡野里就长满了各种下层林木。吉普斯兰东北部的老移民家庭告诉我,当他们的祖先在19世纪40年代被原住民带着参观这片乡村时,所有的平原都很整洁,草也长得很好,包括狭窄的河谷地带也是如此。看看今天的这些山谷,那几乎是不可思议的,在现代久居此地的农场主被告知他们的农场曾经是什么样子时,都持不相信的态度。

澳大利亚古生物学家和植物学家诺曼·韦克菲尔德(Norman Wakefield)记录了一位老前辈J. C. 罗杰斯(J. C. Rogers)的回忆:

> 焚烧灌木丛,为家畜提供一波新长出来的甘嫩饲料,大家都是这么做的……在1月和2月最炎热和最干燥的天气里,尽可能多地用火烧地——这时候的火是一年之中最热的——这样就能够烧得很干净,[但是]这由来已久的做法……又使树木茂盛地区的灌木丛大量增加……火促使树木播种并长成矮林,假以时日,一片几乎无法穿透的森林就

出现了。[4]

改变火烧的时间和强度,从根本上改变了乡野的性质,使原本具有生产力的农业用地不出10年就变成了灌木丛林。

科恩总结道:

> 原住民把火当作提高其所在环境生产力的工具,而欧洲人却视火为一种威胁。没有定期的浅度燃烧,树叶会堆积起来,结果就是导致林冠火的发生,这种火烧到哪里,哪里就变成一片废墟。欧洲定居者害怕火灾,因为火灾可能摧毁他们的房屋、庄稼,也可能摧毁他们自己。然而,令他们被深深吸引住的美丽环境却是由火创造的。[5]

里斯·琼斯(Rhys Jones)说话的语气甚至更重:

> 我们要保护的是像1788年时那样的环境,还是渴望一个没有人类的环境,就像3万多年前那样的?如果是前者,那么我们就必须做原住民做的事,有控制地定期焚烧。[6]

原住民还必须保护住房、圣地、水道和邻近部落的土地,但他们在规划上要灵活得多。殖民地时期开始以前和以后,在火的使用上,关键的区别在于火的强度和烧什么。

原住民使用火有5个原则。第一，大部分农田都是分片轮转焚烧的，这样可以控制强度，让动植物有地方生存。第二，一年中点火焚烧的时间取决于被焚烧地区的类型和当时灌木丛的状况。第三，依照当时的天气状况确定焚烧的时间。第四，所有的焚烧活动都会通知邻近部落。第五，无论如何都要避开特定植物的生长季节。

当看到欧洲人用火焚烧的次数过少而且用火条件也不对时，原住民会给欧洲人提建议。从他们的建议中可以看到以上所研究焚烧方法的例子。被释放的罪犯罗伯特·亚历山大（Robert Alexander）曾经从比德维尔-迈普人（Bidwell-Maap）吉努尔·杰克（Jinoor Jack）那里得到了非常具体的指导，杰克告诉他在东吉普斯兰的热那亚山谷焚烧灌木的方法和时机。杰克建议他到了2月或3月，"在白日最长的那一天之后当植物所含水分下降时开始焚烧。在那个时候，早晨有西风，下午转向东北风，这样自然而然就有迎面火回烧"[7]。

亚历山大被告知，每5年必须重复来一次。许多早期的定居者都提到那时的丛林是那么的开阔，出行也比焚烧制度中断导致丛林再生时容易得多。有趣的是，在热那亚①地区，在吉努尔·杰克所建议的焚烧时间前后，露水开始降临，白昼时间也开始变短。

---

① 热那亚（Genoa），位于维多利亚州的小镇。——译注

原住民对于火的使用在每个区域都有具体的要求。例如，薯蓣区是在薯蓣的种子脱落后焚烧，此时薯蓣雏菊的块茎会处于休眠状态。爱德华·柯尔曾记载焚烧间隔约为 5 年。唐纳德·汤姆森 1949 年目睹了阿纳姆地的焚烧，发现原住民的焚烧活动是由长老们严格控制着的。其他评论者，包括玛丽·吉尔莫、A. P. 埃尔金（A. P. Elkin）和唐纳德·汤姆森，都认为焚烧是与大地之间精神交流的一部分。

为了促进树木茂盛生长，灌木部分会定期被焚烧，大多数评论者认为这是一种吸引猎物的措施。但这可能只是焚烧的一个次要功能，越来越多的证据表明，焚烧是有序种植计划的一部分，或者，正如一些研究人员所说，是火耕的一部分。

薯蓣雏菊的消失与殖民地时期之后的焚烧制度直接相关。引进绵羊并禁止有控制的放火焚烧，使该植物生态需求的几个关键因素消失了。今天人们只在铁路沿线和其他没有饲养过牲畜的土地以及未曾使用化肥过磷酸钙的地方发现了薯蓣雏菊的植株。

一个由来自远东吉普斯兰的原住民和非原住民联合组成的研究小组花了很长时间在维多利亚东部寻找薯蓣雏菊的痕迹，但收效甚微，直到约翰·布雷（John Blay）和伊顿原住民土地委员会的成员们在澳大利亚山脉的本甸之路上发现了一片薯蓣雏菊。自那以后，我们又发现了几处，而随着人们的意识增强，必将会让更多的地方为世人所知。

布雷认为,像淡紫香草百合这样的植物在这一地区可能是淀粉和蛋白质的主要来源,和薯蓣雏菊一样重要。薯蓣雏菊的种植试验已经进入第五年,收集到的数据将让研究小组对薯蓣以及东吉普斯兰饮食中其他传统的块茎食物进行评估。其目的是试图对澳大利亚原住民经济生活中的一个重要组成部分进行分析。

格里森谈到了植物的驯化,也就是在人类持续干预下所发生的变种。对薯蓣雏菊的驯化有赖于人类历经数千年在收获其根茎后所发生的活动。[8]现在,由于植物数量减少、缺乏火烧致使碳含量减少、原住民退出耕作导致土壤变得硬实,以及不再收获作物,植物的这种驯化是否正在朝反方向发展,这是一件令人感兴趣的事情。

同样,沙袋鼠和袋鼠草(黄背草)草原的状况对我们了解这个地区殖民地时期前饮食的特点和经济也至关重要。2012 年 1 月在东吉普斯兰的马洛(Marlo)和马拉库塔进行的调查显示,如果前一年进行了有控制的焚烧,那么这些植物在沿海的荒原上就会大面积繁茂生长。

一位博物学者用手臂扫过齐腰高的袋鼠草,惊讶地发现收获一把谷物是如此简单。我们需要重新考察这个地区的考古发现并检查这些工具,看看它们是否与这些谷物的收获有关。

2017 年夏天,这些草原有好几片的袋鼠草得到收割,并制成了面粉。烘焙业和餐饮业尝过用这种面粉制成的面包后,都争先恐后地要订购这种农产品。不仅如此,这些植物还为我们提供了另一种减少温室气体的方法,因为这些草是多年生植物——它们巨大的根系能够吸收碳。它还有额外的优点,它不需要耕地播种,可以节省拖拉机和柴油燃料的使用,两者都是有利于减少排放的创新之处。

焚烧草地,但不能烧得太厉害,以免波及土壤内部,耗尽土壤中的养分。火势加以控制,碳排放也就可以降到了最低点。

2017年马拉库塔(Mallacoota)机场的收割情景(琳恩·哈伍德供图)

1983年圣灰星期三丛林大火之后,当地的"多年生块茎植物现象级开花",这证明了火对土著农业的重要性。[9]这些植物适应了人与火在园艺上达成的调解,成为植物生态学的重要组成部分。

簸谷和分拣，2017年于吉普赛角（Gipsy Point）（海伦·斯塔格尔供图）

达里尔·唐金（Daryl Tonkin）长期居住在西吉普斯兰德劳因（Drouin）的附近，他还记得1939年的那场灾难性大火，他认为那场火之所以发生就是因为欧洲人越来越不愿进行焚烧，以及他们伐木后习惯于不把修剪下来的树枝烧掉。

即便如此，大火之后的再生仍然令人难以置信："火对森林有好处，没有热灰覆盖，种子就无法发芽。在从前，住在丛林里的黑家伙们①通过燃烧灌木丛来照顾动物和鸟类……休眠多年的植物会在大火后生长。"[10]

就在1983年，维多利亚州西南部安格尔西（Anglesea）发生

---

① 指澳大利亚原住民。——译注

了秋季火灾，结果第二年春天，块茎植物开的花多到令人难以置信。[11]众所周知，草原可以从周期性的焚烧中受益，但是很少有人承认火在促进块茎植物生长方面所起的作用，而块茎植物是澳大利亚原住民和托雷斯海峡岛民的主食。

贝丝·戈特认为，第一批来到澳洲的欧洲人看到原住民打造和管理的土地既不原始也不荒芜。焚烧肯定会改变这个国家的自然生态，而且会促进重要食用植物的生长。戈特引用了鲍曼(Bowman)的话："火是原住民系统地、有目的地在整个大陆上使用的非常有效的工具……毫无疑问，原住民拥有最娴熟的焚烧技术，这也是他们维护这片19世纪被欧洲人殖民的大陆的核心手段。"[12]

他们对于火的使用有非常严格的控制，在草原之间保留了林带，甚至允许小灌木林留在开阔的平原上，并明智地使用回火来保护小灌木林。原住民用火使平原、森林和小灌木林产生联动，通过规划和管理来增加经济回报。

比尔·甘米奇分别引用了约翰·洛特·斯托克斯(John Lort Stokes)和爱德华·柯尔的话："他们能如此巧妙地对付像火这样世人皆知的危险东西，确实令人吃惊。"[13]"这些土人手里还拿着另一种工具，这种工具的效果很难高估。我说的是火棒；因为那个土人总是放火烧草和树……他用火来耕种他的土地，培植他的牧草。"[14]

蒂姆·弗兰纳里认为原住民变成了"澳洲环境中的生态银行家"。[15]他提到了2009年诺贝尔经济学奖得主埃莉诺·奥斯特罗姆(Elinor Ostrom)的研究成果。奥斯特罗姆认为,在一定条件下,人类只要有排斥外来者、依赖相互认同之规则的能力,就可以共同地、可持续地管理她所说的"公共资源"。

弗兰纳里认为土著社会符合以下条件:

> 正如火耕这一术语所指,原住民对火的使用在某些方面与农业相似:在特定的时间种植特定的作物,抑制杂草生长,并精心控制……原住民想尽一切办法保护他们部落的土地,排斥外来者,或者在条件允许的情况下邀请他们进来。他们明确规定了谁有权使用何种资源,也有高度进化的机制去解决冲突和实施惩罚。这使得澳大利亚的原住民在4.5万年的时间里一直处于该大陆生态系统的重要地位。当欧洲人取代他们的时候,澳洲脆弱的环境崩溃了,生产力和多样性都大大降低。[16]

比尔·甘米奇对澳大利亚原住民使用火的情况做了详尽的研究。他注意到,即使在当代,草原的产物也是被用来引诱袋鼠和鸸鹋的,但最主要目的是为了使牲畜远离种植的谷物和块茎作物。他推测,设在袋鼠牧场和农田之间的水井为动物们提供了它们所需要的一切,所以它们没有理由进入专门种植农作物的区域。这是一道心理栅栏。

当然,开辟受袋鼠、其他小型哺乳动物和鸸鹋青睐的草地也使原住民能够定位猎物并捕获它们。精确地使用焚烧技术可以在一个区域产生优质的绿色饲料,而在另一个区域留下茂密和干燥的饲料。火也被用来确定动物会在哪里聚集。

甘米奇坚持认为火是用来：

> 塑造这片大地……它是一种重要的图腾,也是朋友。人们知道什么时候该用、什么时候不该用。他们知道,如果他们按照普遍法则和当地的惯例使用火,它就能做成他们想做的事情。如果没有做成,那么是他们,而不是火,犯了错……像灵歌之径一样,火统一了澳洲。由于邻居们遵守同样的法则,焚烧与否都能协调一致,所以火就将这片土地锁定在一种恒定的模式中。[17]

他认为约克角的人焚烧了相隔 6 到 7 公里的几小块土地,因为他们认识到一群受到干扰的袋鼠只能走这么远。因此,如果一群袋鼠离开了一个区域,原住民就会确切地知道在哪里可以找到它们。

在《地球上最大的庄园》一书里,甘米奇指出,最好的土地是用来放牧和种植庄稼的,次等的土地用来培植森林。人们把这片大地分割成耕地和森林相间的样子,并不是为了便于随意地焚烧,而是为了实现食物资源的最大化。他将这些马赛克般交错的土地称为模板,并这样解释其复杂性：有助于保护一个个的作物,为城镇提供庇护,并提升生活区的美观。

殖民地时期的艺术家们被指责浪漫化了这片风景的英国风格,在他们早期的绘画中错误地描绘了这片土地。[18]艺术评论家和历史学家认为,把这个国家刻画成公园,当然应该是艺术家的乡愁和对这个国家的陌生使然。甘米奇参观了一些殖民地时期标志性绘画所描绘的地点，发现它们大都与绘画一致，即使在今天仍然可以通过独特的布局分辨出的画中的岩石和树木。

菲利普港的土地测量员罗伯特·霍德尔（Robert Hoddle）等人煞费苦心地强调，需要经过深思熟虑才能创造出这样美丽的景观。通过消除森林中的灌木，营造出一系列富有魅力的马赛克般相互交错的拼图，或者如甘米奇所说的"模板"。它们不仅美丽，还是运转良好的生产区域，由于管理得当，也消除了火灾失控的危险。

由于基础设施、房屋、围墙、外屋和输电线的存在，想要再采取类似的方法会变得非常复杂，但并不是说完全不可能。我们必须以不同的方式思考这个国家。我们必须调查原住民管理火灾的能力。澳大利亚人对土著文化的无知，使得"塔斯马尼亚原住民不知道如何生火"的这个谣言流传了两个世纪，直到2002年才由贝丝·戈特破除了这个谣言。澳大利亚大部分地区缺乏考古研究，使得这些谬论得以存在。我们必须资助并鼓励我们的学者们去探索原住民对火的管理的真实情况。当然，这种研究的起点就应该是与澳大利亚原住民和托雷斯海峡岛民进行座谈。

第6章

天堂、语言和律法

当年澳洲发生的某些事情,探险者们注意到了,有些人还写了一些文章;但是,由于他们的主要目的,还有他们的赞助者的主要目的,是为欧洲农业寻找新的土地,人们观察到的许多东西都被忽略了。

尽管如此,随着当代学术界和研究人员重新审视原住民研究中使用的基本假设,许多考古学家和语言学家对食物生产和技术的"集约化"时期——很多人认为发生在4 000至5 000年前——产生了浓厚的兴趣。尽管新的研究方向令人鼓舞,一些文化假设依然在发挥着作用。

在2013年澳大利亚国立大学的历史研讨会上,受人尊敬的语言学家迈克尔·沃尔什(Michael Walsh)提醒说,关于语言的集约化时间和与之相关的语言转变的理论仍然只是理论,还需要更深入的研究。

美国人类学家亚兰·延戈扬(Aram Yengoyan)认为,考古学家和人类学家对土著社会的解读折射出人类学理论中的主流做法,它往往不承认仪式和典礼是宗教和哲学行为[1],"不仅道德源于梦想,实际上,所有的行为都是为了表达一种成熟的道德行为意识,构成所有人类当行与否的基础"[2]。

如果原住民社会的文化得不到足够的信任,那就很容易曲解他们所取得的成就。传统社会的经济基础与其哲学、宗教信仰是分不开的,如果把精神生活简单地看成是迷信和神话,我们就会无视他们在粮食生产上所取得的实实在在的进步。

如前所论,达尔文主义极大地驱动了19和20世纪人们的思想和行为。它激发了诸如霍伊特等业余人种志学者去极力证明原住民是整个人类大家庭中逐渐退化的一个分支。霍伊特对原住民比大多数人都更慷慨,他雇用原住民到自己的吉普斯兰的啤酒花种植场干活。然而,他写信给他的妹妹时却说:"我得出结论,澳洲黑人是天生的'野人',没法'洗白'……他们是成人的身体、孩童的头脑。"[3]

历史学家贝恩·阿特伍德(Bain Atwood)评论说,霍伊特"在与原住民打交道的各种活动中,其动机与原住民有很大的不同;他们若有共同利益,那纯属偶然,绝不是出于霍伊特善意的态度或行为"[4]。

虽然一些探险者会用教名称呼他们的土著向导,但霍伊特却称他的向导为"土著男孩""黑男孩"或"黑人"[5]。虽然他对原住民文化嗤之以鼻,但他很在乎自己黑人专家的名声,尽管遭到坚决抵制,他还是缠着农场里的原住民,要他们示范男孩成年仪式。最后,他把自己收藏的圣物拿出来,假装是在男孩成年仪式上收到的圣物,据说他的门牙就是这样掉的。然而,霍伊特从来没有真正接受过成年礼,他撒谎只是为了推行他自己关于西方人具有优越性的理论而已。

霍伊特和其他像他一样的人的所作所为受到了澳大利亚政府机构的鼓励,这些机构认为他们在那里是为了监察原住民及其文化的消失,或者最好情况下的没落。

如果我们想要努力去理解土著哲学,那就必须从他们对土地所怀有的深切责任心开始。黛博拉·博德-罗斯如此评论道:

> 例如,这个国家的现状提供了确凿的证据,证明土地所有者一直在履行责任。责任是严肃的:在一个有意识的世界中……意志的践行无处可藏,在这样的环境中,选择拒绝道德行为就意味着背弃宇宙、最终背弃自己。[6]

为了证明这一观点,博德-罗斯引用了民族志理论家比尔·斯坦纳(Bill Stanner)的话:"原住民没有神,公正或不公正的都没有,他们没有神来裁决这个世界。"因此他认为,宇宙的所有部分都是有意识的,必须对自己的行为负责。[7]

神圣与非神圣不可割裂,因为所有的行为都有宗教。仅仅是焚草的行为其背后就有一个特定的故事,这个故事指导着根据法则行事的必要性和好处。斯坦纳相信所有神话都是范例,并且"将身体、精神、幽灵、暗影、名字、精神场所和图腾等概念融合成某种统一体"[8]。

他回顾了澳大利亚战后知识分子的思想,发现新兴的有自我意识的民族主义鲜有把原住民看作民族的组成部分的。我们的知识分子正"透过一扇被精心遮挡了四分之一视野的窗户"看风景。[9]

我们国家正是透过这扇窗户找到了看待原住民的澳大利亚的角度:将理论和意识形态捆绑在一起,认定原住民就是低人一等。围绕澳大利亚原住民和托雷斯海峡岛语言的争论受限于人类究竟何时初到澳洲大陆的一成不变的看法。一些语言学家认为语言是从北到南推进的,据此推断原住民的语言来自其他地方。但问题是,在最近的考古发现中,每一项新的调查都将原住民占领澳洲大陆的日期往回推,而且似乎对原先确定的集约化日期构成了威胁。许多理论家在思考澳洲农业集约化的时间时,似乎忽略了比他们所确定的 4 000 至 5 000 年前这个集约化日期早得多的农业实践证据。

就像每一种观点都受种族优越论支配的 20 世纪"移民主义者"一样,"集约主义者"似乎也受"人类**肯定**都是沿着一条永恒不变的轨道发展的"这一观念所影响。然而,大多数方兴未艾的文明最终都会走向死胡同,而当前痴迷于发展的西方文明,也遭到了杰瑞德·戴蒙德(Jared Diamond)等理论家的质疑。戴蒙德警告,当前的文明注定会遭遇罗马人、腓尼基人和埃及人的命运。

然而,如果你接受探险者所说的见闻,那么,原住民的历史就要比我们的国民所认为的复杂得多。而如果你接受这一切都是真的,那么接下来你就要问自己:这一切到底是怎么做到的?这个系统是如何管理的?

对于一个致力于可持续经济发展的国家来说,对土地及其生产力进行细致而全面的管理是一项值得研究的课题。它可能会改变我们对土地所有权和土地管理的看法,但这并不会引起恐慌。围栏是原住民和欧洲人在土地使用上的巨大差异之一,但我们并非不能想象没有围栏的农业是什么样子的。

当巨型拖拉机能够牵引大型收割机时,维多利亚西部维么拉地区附近的一些农场没过多久就拆掉了围栏,这样拖拉机就可以直线行驶了。从经济上来说,这是必需的,在早期也造成了一些困扰,但农场主们适应了这种变化,因为这样做符合他们的利益。就像甘米奇说的,"筑在地上的篱笆也在头脑中筑上了篱笆"[10]。你必须改变你的想法,让篱笆从你的头脑中消失。

在火的应用上我们可以做一些类似的事情。早期可能会有不便之处,但一旦认识到它的好处,只要我们保持开放的态度,不要把一个合乎逻辑的改变与推进共产主义或倒退到"原始"土著方法混为一谈,我们很快就会适应。

也许在原住民的管理中并没有什么黄金法则,但我猜想必定有一些经受住了至少 8 万年的原住民社会本质检验的农业、自然保护、文化和管理的原理,它们蕴含着对这个国家有益的信息。

管理

原住民经济是狩猎-采集体系,还是繁荣兴盛的农业体系,这个并非争论的焦点。至关重要的是,我们从未作为一个民族来讨论过这个问题。原住民"仅仅是"采猎者的这个观点一直被用作一种政治工具,以此来证明当初掠夺的正当性。每一项土地所有权的申请依据的都是以下这个观念:澳大利亚原住民和托雷斯海峡岛民只不过是收集现成的资源,所以与土地并没有发生过管理互动;也就是说,原住民并不拥有或使用土地。

如果我们考察探险者们提供的证据,并向我们的孩子解释原住民**确实**建造了房屋,**确实**兴修了水坝,**确实**播种、灌溉并耕种了土地,**确实**改变了河流的走向,**确实**缝制了衣服,**确实**建构起了一个覆盖整个大陆的、创造和平与繁荣的管理体系,那么,我们很可能会更加敬仰并热爱我们的土地。虽然敬仰和热爱本身还不够,但它们**是**与这片大陆进行更有效互动的基础。

如果我们认为原住民只不过是这片土地上的流浪者,根本不知道如何种植和照料食物资源,那我们的行为就是管理上的顽固不化。精明的商人不会排除任何可能性,尤其当成功的种子已经显而易见时。

澳大利亚原住民和托雷斯海峡岛民的灵歌之径将这个国家一端的部落与另一端的部落连接在了一起。灵歌之径是文化、经济、历史和艺术渠道,把商品、艺术、消息、思想、技术和婚姻伴侣带到了交换中心。

布雷沃里纳的渔栅是一个这样的中心;康达湖的鳗鱼渔场则是另一个;沃伯顿河(Warburton River)地区斯特尔特的粮田又是一个;墨尔本的植物园是库勒·库勒普等重要哲学家从澳大利亚山脉带过来的伟大梦幻夜祭的发送点。

我们可以沿着交易路线找到来自维多利亚威廉山采石场的绿色石斧;我们可以看出舞蹈和音乐元素在全国各地来来回回地不断交流着思想。而且,如果仔细观察,我们甚至会发现,在新家园里繁茂生长的本土植物最初就是由土著商人带到这些地区的。

如果我们承认原住民跨越文化和地理界限管理着他们的地貌和经济,我们就需要思考原住民是如何做到不使用其他文明中常用的武力压制和战争就达成彼此间的合作的。

在迄今为止所做考古和调查中,我们仍未确定这些贸易路线何时被用于殖民战争的。古希腊和罗马的壁画和陶瓷制品都将战争和折磨作为统治权的要素加以体现;但是,虽然原住民艺术描绘了个人的暴力行为,却没有国家战争的痕迹。这一缺失值得重视,而且必须研究他们维护整个大陆稳定的方法,那可是全世界业已为人所知的持续最久的稳定,这可能是澳大利亚最拿得出手的东西了。

在偏远部落的使者带来的绿色和平橄榄枝和令人兴奋的贸易市场背后,一定有一种智慧的力量,不仅是为了缔造和平,而且是为了维护和平。

澳大利亚人类学家伊恩·基恩(Ian Keen)说道:

> 祖先法则的非同寻常之处在于人们分散的区域广,但仍然可以在没有立法的情况下认同一套合理的法则。而且,虽然某些个人和家族群享有自治权……祖先法则有很大的自由裁量权……(而且)某些仪式往往会引导年轻人,培养他们遵循共同价值观和规范并服从权威的习性。[11]

1838年,维多利亚州西南部邦廷代尔(Buntingdale)的传教士弗朗西斯·塔克菲尔德(Francis Tuckfield)对原住民部落之间的暴力冲突感到震惊,但他后来意识到,只有在人们被迫与敌人接触的情况下,才会发生这种冲突,而他的使命恰恰需要这种接触。他在全国各地旅行,与墨累河的原住民一起生活和捕鱼,宁静和尊重撑起了这个社区,给他留下了深刻的印象。他开始意识到,他在邦廷代尔目睹的暴力是任务管理的结果,并非社会的本质使然。[12]

苏珊娜·戴维斯博士（Dr. Suzanne Davies）得出结论,在与原住民进行的交易中人们可能是采取了平等的态度,但否认他们拥有土地的权利,或在法庭上不让他们提供证据,就使得原住民根本无法享受公民权益。事实是,欧洲人"对原住民的行为施加了控制,他们（欧洲人）要求……获得这片土地的所有权"[13]。

毫无疑问,原住民们的生活并非一直是梦想中的和平与和谐。愤怒、怨恨、背叛、复仇和惩罚都是常有的事,但这些都受严格的规则所支配。暴力往往是奉神明旨意的惩罚,是在践行传统信仰这一卓有成效的文化、社会和宗教维系制度。

看到澳大利亚土著和托雷斯海峡岛屿管理体制创建中的决策过程,很难不想到"民主"这个词。长老们是选举出来的吗？并不是所有人变老后都能参与最后的决策过程；只有在经受复杂的准入考验之后才能获得那种权限。

在某种程度上,长老相当于高级神职人员、法官和政治家。将他们提升至能够影响某个具体领域决策的地位的各个准入级别以及他们该做什么都有明确的规定。他们是通过晋升过程一步一步逐渐被选举到那个位置的,整个过程错综复杂,而不是通过武力或继承来获得这个位置。他们赢得了同伴的尊敬。

所有其他伸张正义、维护和平、管理社会角色以及分配土地财富的程序都在祖先法则中得到明确规定,解释权在那些被选为高级长老的人手里。在人类设计的所有管理制度中,原住民的治理体系看起来最像所谓的民主模式。

这么一个模式具有足够的连贯性和灵活性，并在那么大的区域内、那么长时间里吸引如此量大的人口，就要求我们予以认真考虑了。它一定因为其内在的逻辑性和公平性吸引了绝大多数澳大利亚土著居民，否则它不可能延续下来。

这种治理制度所产生的社会凝聚力使人们能够在获取食物的各个方面进行合作。大量的人可以聚集起来，为建造水坝、渔栅和房屋，以及农田的准备和维护提供大量的劳动力。没有稳定的政治体制，超越语言和文化边界的活动是不可能的。

土著文化强调和平与稳定的一个表现就反映在对古拉加山（Gulaga Mountain）尤因文化的核心解释上，古拉加山位于新南威尔士州南海岸的蒂尔巴蒂尔巴（Tilba Tilba）附近。在位于山体侧面环带上的巨大岩层的画廊里，有人会要求你在治愈石（Healing rock）前驻足，为未出生孩子、病人和受困者祈福，然后你会被领着去见纳迪（Nyaardi）和东姑（Tunku），第一个女人和第一个男人。纳迪的身高是东姑的两倍。在他们之间是造物主达拉马（Dharama）给予他们的礼物：树和石头。他们所需要的一切都可以从这两样礼物中获得。接下来我们会看到怀孕的纳迪，你会被要求轻轻地把手放在她的肚子上；之后，你会看到她背着孩子，然后你就来到人类存在的三大基石：过去、现在和未来。"现在"是一块较大的石头。过去和未来也是你所需要考虑的，但你脑海中最重要的目标应当是与现在有关的。那里有生命的方舟、女人的产道,还有所有的人学习并思考其道路的岩石。

这时候,你已经看完了尤因人法则的所有内容,离开之际发现自己没有看到过一件武器,也没有听到一个关于败敌的故事。相反,你看到的是女性在人类生活中的核心地位,以及女性作为母亲必须得到的尊重。尤因人在正式的场合都会说"来自母亲":我们都来自母亲。传说就是那样的。

任何人都可以去参观那座山,尽管最好是赤着脚默默地爬上去,并注意不要伤害动物或植物。我们要对世界的健康负责,而不是让世界为我们的健康负责。

游览世界各地的教堂、美术馆、城堡和博物馆并不能让你为这次游历做好准备。威尼斯和米兰的那些美术馆中砍掉的头颅、被灌入与法国国王意见相左者嘴中的融铅、描绘极端贫困的画作、表现战争的壁画、屠杀婴儿都是常见的主题,欧洲和亚洲的文化都充斥着暴力和战争。然而在这里,在一座俯瞰太平洋的青山上,人们却想象着一个不同的世界。而且不仅仅是想象,而是确实做到了。(纳兰纳兰文化中心、纳鲁马和古拉加山管理委员会负责管理这座山的旅游。)8万年就是永远。原住民们说:我们一直都在这里。而许多澳大利亚人声称,原住民是从非洲来到这里的,他们只是移民、船民,和其他人没什么两样。

近年来,为了更好地了解这片大陆的人类历史,语言学家们一直在努力寻找澳洲的原始母语或根语言。当然,那**必须假设**

原住民来自其他地方。从语言、文化和宗教等方面来看,还没有一个体系经历过如此漫长而稳定的发展,但理论家们的潜意识却在寻找着对澳洲这种反常现象的解释。

思考人类的进化历程是令人着迷的,但那同样也应该刺激我们的头脑去思考澳大利亚了不起的和平发展。人们认为原住民孤立、劣化,所以不像欧洲人那样"先进",但在澳大利亚似乎没有人会想到要把滚烫的油泼向敌人,这也是事实。

几乎可以肯定的是,地理隔离对澳大利亚原住民的文化发展轨迹产生了巨大的影响,但这种隔离也可能为创造和平提供了条件。或者它是旧大陆本身的一个因素?澳大利亚土地相对贫瘠和普遍的土壤侵蚀可能造成了不同的人类反应。谁知道呢?

语言

为了更好地了解澳大利亚语言的发展,人们根据最近的考古发现进行了语法分析。帕特里克·麦克康威尔(Patrick McConvell)、尼克·埃文斯(Nick Evans)和伊泽贝尔·麦克布赖德(Isobel McBryde)都提出了有趣的推测,认为5 000年前语言突然向南推进,可能受到了某种来自南亚的影响。

其他语言学家,如特里·克劳利(Terry Crowley),则认为比较语言学是未来的发展方向,但在被认为是原住民当初登陆的地方,还没有发现原型语言。克劳利承认,澳大利亚的语言可能有4万到6万年的历史,但即使只有1万年,它们也比世界上大多数其他语言更古老。

与其他语言学家一样,克劳利认为,在大约4 000年前的技术集约化时期,语言突然发生了南迁。然而,所提出来支持这一理论的证据中充满着"也许"和"可能"这样的字眼。

某种对澳大利亚的再次入侵突然引发了技术变革的说法并没有得到遗传学研究的支持。如果一群来自北方的人踏上澳大利亚的海岸,并将比他们早到的人往南赶,你可能会认为来自北方的那群人比澳大利亚其他地方的人表现出更多样的遗传特征,但事实证明并非如此。

另一些人试图在更近期工具被起的名称中寻找来自北方的晚期入侵证据,但支持这一理论的论据却是少之又少。

内维尔·怀特和伊泽贝尔·麦克布赖德得出的结论是,语言的传播不是由精制工具技术所推动,而是由精神和社会变化所推动的。根据麦克康威尔和埃文斯的说法:

> 白人的目标就是不需要认定存在征服(就澳大利亚的情况而言,这在人种学上是不可能的),或大量人口迁居无人居住地区的情况,也能解释语言的传播;考虑到原住民自古以来一直居住在澳大利亚的证据,第二种情况也不太可能,因为这与遗传学证据不吻合,帕玛-恩永甘语系(Pama-Nyungan)人的遗传多样性跟澳大利亚其他地方的人相比

并不逊色,中部沙漠地区的人除外。[14]

(帕玛-恩永甘语系是澳大利亚的主要语言,非帕玛-恩永甘语系的语言主要分布在金伯利和阿纳姆地。)

里斯·琼斯(Rhys Jones)和尼古拉斯·埃文斯(Nicholas Evans)也认为精神文化是决定性因素:

> 试图从征服和集约化这一来源于经验的过于简单化的观点来看待语言扩张,遇到了一个语言学问题:大量木制手工艺品的术语显然是不可重构的。因此,我们提出了另一种设想,即:新技术在传播过程中是与特定的一系列仪式相结合的,掌握初步知识的人因为学习了新的仪式、掌握了新的工具制作技术,因而被吸收为帕玛-恩永甘人。在仪式威望和配偶输出模式改变的推动下,语言发生扩展,因为帕玛-恩永甘人索要的报酬是让人出女子给自己的儿子当妻子,从而导致帕玛-恩永甘人输出到新的家庭。在新仪式和更广泛联姻驱动下的社会革新背后,是食品技术的进步,这使得在大型聚会中,他们有能力在相当长的时间内为参加聚会的人提供食物。[15]

琼斯和埃文斯总结道:"作为两个几乎不可救药的唯物主义者,我们把这一章献给那许许多多一次又一次教导我们、让我们认清技术的精神维度和社会维度才更为重要的原住民们。"[16]为了阐述这个观点,他们讨论如何在精神层面上重视用于工具生产的原材料,探究用石头和木头制作出来的武器和工具如何承载着道德和精神义务和意义,所有这些都在语言中得到反映。

这些讨论非常有理论高度,但埃文斯和琼斯强调的是社会和文化活动的巨大变化,这种变化不是由征服和入侵造成的,而是由文化知识的共享和发展带来的。甘米奇还认为:"当地人口足够稳定,可以待在自己原来生活的地方。因此不存在因为人口导致的征服。"[17]

语言的传播是否真的如琼斯和埃文斯所假设的那样尚需要更多的研究。但一切证据都指向在没有严重的暴力或流离失所的情况下却发生重大的文化变迁,这个事实非同寻常。管理这种变迁需要深刻的政治进程,而且必须由有说服力的社会力量发挥作用,这样他们才能在如此漫长的时间内取得成功。

约瑟芬·弗拉德(Josephine Flood)对彼得·希斯科克(Peter Hiscock)等理论家提出了批评,认为他们"改变等于进步"的假设受到了西方文化进化论政治正确的影响。弗拉德认为土著文化"出人意料地稳定,变化相对缓慢"[18]。

迈克尔·阿彻也有一些关于"进步"的有趣的观点:

欧洲殖民者清除或破坏丛林是因为他们不重视丛林,

> 他们将自己珍视的单一栽培的非澳大利亚本土作物引入到这个大陆,覆盖了其65％以上的区域……我们欧亚大陆南部的祖先……实际上才是游牧民族,因为我们人口过多……在此过程中破坏了土地,然后向近邻发动战争,夺走他们的土地,以便继续过快地增加人口,这一做法还在继续。[19]

他还说,此外,新南威尔士州西部的环境破坏主要是由于绵羊的引入,那里的土地曾发生过退化,哺乳动物也因此灭绝。

罗尔斯在《百万英亩的荒野》中详细阐述了这一点。我读了罗尔斯的书,因为如果你用谷歌搜索"布雷沃里纳的渔栅",会出现3本参考书,罗尔斯的书就是其一。这本书刚出版的时候,我只看了其中的部分节选,但该书对澳大利亚景观的同情态度给我留下了深刻的印象。

评论家称它对澳大利亚原住民异常敏感。书中有几处提到了原住民在皮拉加(Pillaga)地区被弄得无家可归,也有几处提到了使他们被迫流离失所的暴行,但这本书本质上是对白人殖民的分析。在出版的时候,由于当时考察原住民经济情况的资料相当有限,仅仅提到"原住民"三个字就会让公众觉得这本书很激进。

阿彻进一步阐述了他的想法。他将扩张主义的实质与更为保守的原住民实践进行了比较。原住民经济的可持续性可以与更具可持续性的管理理论联系起来,这是一个令人振奋的想法,因为它有可能影响农业、人口目标、水利和环境保护等方面的决策。这不是感情外露、智慧明智的澳洲土人与到处破坏的白人帝国主义者之间的较量;相反,它切中了保守经济实践和物种进化的要害。

有人说,世界的发展轨迹是由征服、创新和集约化所驱动的,这一观点令西方人感到满足,因为我们在心理上依赖我们的帝国主义发家史。但是,如果我们考虑变化的根源是精神并借着这种精神通过政治行动而实现,那么澳大利亚原住民和托雷斯海峡岛民文化上的稳定性可能更容易得到解释了。

由于所有论说都是推测性、有待检验的,我们应该警惕,不要把自己禁锢在一种假设中,认为一切都是由西方的先进思想和工具驱动的,在不可阻挡的征服之路上前进,仿佛这是人类物种进化的唯一途径。伊恩·基恩对经济制度如何根植于特定群体占主导地位的亲属关系和宇宙论体系所作的研究,有可能为我们了解原住民社会的运作方式提供新的观点。

语言是如何随着时间的推移而改变的?这种变化又是从何而来?这是一门新的、推测性科学研究的一部分。彼得·希斯科克告诫道,目前的一些研究轻视了原住民的历史,忽略了其文化和社会发展中"引人注目和值得注意的"那些方面。

围绕这个话题的所有争论都还仅仅是推测,而且还在原住民何时首次登陆澳洲大陆的这个观点上左摇右摆。那些抱有"进步论"意识形态、认为征服者推动文化和技术进步的人,将遭到与人类家庭起源有关的不断改变的观念所质疑。

麦克康威尔认为,土著神话并不是作为一个整体而出现的,而是由不同的始祖分阶段形成的。岩画专家乔治·查卢普卡(George Chaloupka)就提到了阿纳姆地西部,说那里的有个始祖让人、植物和动物遍布在这片土地上,而且还指定他们说什么语言,后来的始祖则指导人们如何构建人类社会。

由此可以假定,语言的传播不需要征服,也不需要在世界其他地区掀起以语言变化为特征的技术浪潮。贝尔伍德(Bellwood)在《最早的移民》(*First Migrants*)中提出的论点是,只有在发展缓慢的情况下,语言传播才会连贯而且具有渗透性。如果发生得很快,比如当发生征服者入侵时,语言差异就会在家庭群体中持续存在。

入侵的征服者也是变革的驱动者,这样的说法是站不住脚的,因为至少在1.3万年前,墨累河谷地区就已经在文化和技术上实现了多样化;在1万年的地理隔离之后,塔斯马尼亚原住民在基因和文化上仍然与生活在大陆上的人们相似。

麦克康威尔在研究亲属关系术语时发现,全国大部分地区的情况都是一致的,他认为这些术语中的大多数是从原始母语中继承而来的。语言研究告诉我们,社会稳定让人类对获取食物有独特的反应。这门学科既深奥又充满矛盾,但它并没有改变这个事实,即澳大利亚是不同的,现在已到了宣告并探索这种差异的时候了。

贸易和经济

贸易的中心原则之一是资源的共享。大叶南洋杉坚果的丰收使大量的人群能够聚集在一起,有足够的食物来长时间地维持所有参与者的生活,彼此间进行贸易和文化交流。在南方,原住民们收集飞蛾的盛会为贸易和文化交流提供了另外一个机会。

这两种情况中,领地上的资源保管人都有可能将资源据为己有,只要把这些粮食储藏起来,就能获得越来越多的易货额。但是他们选择分享资源,积极寻找机会吸引其他部族进入他们的地盘,以便进行文化和社会交流。资源不仅仅是一种商品;它也是一种文明的黏合剂。

澳大利亚原住民文化与澳大利亚主流文化最大的差异之一就是土地的概念。自由主义哲学为废除奴隶制作出巨大贡献,但它同样也倡导个人权利,那就意味着个人对土地的所有权。托尼·巴尔塔(Tony Barta)评论道:

> 发起首场当代政治运动去推翻大英帝国奴隶制的那一小群男女,他们在南非的大草原和"好运澳洲"的牧场上遇到了可与自己匹敌的人。他们非常了解侵占土地和原住民

丢掉性命之间的关系，但是发现自己的干预能力更受距离以及不同的利益分布所限制……财产和机会的广泛吸引力才刚刚开始加快散发的步伐。在澳大利亚……这种吸引力在其散发的过程中对原住民到底意味着什么，这是显而易见的。

欧洲人的计划是占领土地，宣称是对自然进行统治，掠夺新"发现"的土地来创造一个熟悉的文明。[20]

199　　澳大利亚原住民的法则坚持土地是共有的，人们只是暂时的监护者。个人对某一处的树木、河流、湖泊和土地负责，只有这样才能传给下一代。个人和家庭也许可以说拥有一个具体的渔栅或一片庄稼，但他们经营渔栅或庄稼地时得与周围的部落合作。

共同拥有土地，加上合作利用适应澳大利亚的条件的作物和动物，意味着围栏非常罕见，即便有也是零时性的。当需要用轰赶猎物进行捕猎时，采取的方式与渔栅的使用方式一样，其围栏可以根据人和动物的需要打开或关闭；但是，值得注意的是，这些围栏并不妨碍人们的进出。

如此运作的系统可以看作是一个互利共生的拼图。人们对拼图上某个特定的一块拥有权利和责任，但他们只能操作属于自己的那块拼图，且他们的操作必须对邻居的那份拼图以及整片土地的完整性有益无损。

一个族群负责的那片树林、溪流或土地,都会渐渐接入一个他们可能永远都不会造访的遥远区域。他们必须想象整个画面是什么样子的,他们对数千年来逐渐构建起来的法则体系的连贯性有绝对的信心。他们知道互利共生的运作体系是有意义的,他们的责任是确保它继续下去。

在大布雷沃里纳渔栅那里,人们都在被划定是自家的那片区域捕鱼,他们知道自己可以从渔栅里捞鱼,但他们必须确保自己的捕鱼方式不会妨碍同胞们享受这一便利设施,尽管他们或许永远也不会见上一面。这种宗教、社会和治理规则都是在曼荼罗中形成并紧密地交织在一起的,唯有在灵魂深处、在梦想中才可以见到。

比尔·斯坦纳说:"我们自己的思想史并不是评判他人的绝对标准。最恶劣的就是那些抱着先入之见的帝国主义。"[21]

如果你以"西方思想和基督教不容怀疑地是人类发展的顶点"这一假设来分析人类生活的任何元素,你一定会发现不信信基督教的人是不适当的,那也就意味着你把自己封闭了起来,理解不了任何其他精神表现的博大精深。

斯坦纳声称,原住民信仰的核心就是对永恒不变的信仰:

> 赞同哲学,像是手套,几近完美地与现实的风俗之手相贴合,社会生活形式、艺术、仪式以及许多其他东西都呈现出一种美妙的对称……那种认为原住民[斯坦纳总是把表

示原住民的英语单词 Aboriginal 的首字母 A 小写成 a]在生活中总是忙于应对饥饿的风险、总是与灾难擦身而过的想法,就像霍布斯认为原始生活"贫穷、肮脏、野蛮和短暂"一样滑天下之大稽。纠正这类想法最好的方法是去一个土著营地待上几个夜晚,直接体验那种清心寡欲生活特有的快乐,感受一下超脱尘世的思维方式,过着一种简简单单的生活。那样,每天日落黄昏的时候,所有人聚在一起,借着火光欢歌起舞。……其原则和气质都是一个简单主题的不同发挥而已:持续、恒常、平衡、对称、规律……

最引人注目的是,(原住民部族里)没有为了权力而爆发大冲突,也没有为了地位和官衔而出现的你争我夺。单单这一事实就可以说明其他很多事情,因为它排除破坏稳定的很多因素……没有为了掠夺领土而发动的侵略战争。他们不奴役彼此。没有主仆关系。没有阶级划分。没有财产和收入的不平等。结果是稳定,广泛而持久的稳定。[22]

查尔斯·斯特尔特说:"我们很少或从来没有看到当地人手里有武器,这是一个值得注意的事实。"[23] 最常见的武器是用作独木舟的桨,但它太重,一般不适合用来进攻。

斯特尔特在他的日记中写道:

> 这些人的性格和精神完全被英国的学者误解和低估了,他们在人类这个物种的范围内被打上低级的标签,我确信原因就在于第一批航海家和原住民之间发生过的那么一点点交往……我在各种情况下见过他们——我曾在使者的保护下走过一个又一个部落——突然在一种不受控制的自由状态下来到他们身边——在他们的小屋里拜访他们——在他们的营地里和他们混在一起,并在他们与欧洲人的交往中看到他们。坦率地说,我不得不承认,我看到他们最不被人待见的时候是和欧洲人混在一起时。²⁴

随着越来越多的原住民土地被侵犯,原住民与欧洲人之间的冲突也就不可避免了,斯特尔特对此长吁短叹。他确信欧洲人是为了入侵才来到这里,并不是执行什么宗教使命:"我不得不遗憾地说,文明人进入未开化地区的时候,几乎总会给原住民带去不幸。"²⁵

他承认原住民同欧洲人在一起的时候,贫穷和堕落就会降临到他们的头上,但他的第一本能不是考虑限制欧洲人侵占土地;而是要把原住民儿童从他们的家庭中带走:

> "唯一的补救方法是……将孩子和父母完全分离……慈善并不会改变什么……直到孩子们彻底忘却自己的祖先,能像欧洲人那样看待他们,带着惊讶和同情。"²⁶ 米切尔也有类似的想法,他收养了一个原住民儿童,但当他回到英国时,这个孩子成

了他的累赘，于是他抛弃了这个孩子。

因此，许多欧洲人认为他们作为基督徒的任务就是安抚这个垂死的种族。原住民认为这只是一个烟幕弹，欧洲人躲在它后面**盗了**这个**生机勃勃**的种族的垒。

米切尔悲伤地谈到澳大利亚原住民的消亡：

> 这些不幸的人再也不能享受他们原有的独居自由了；因为白人的统治包围了他们……他们受有权有势的白人所束缚，还被剥夺曾经能够随意游荡荒野的自由，他们不得不在密密麻麻的灌木丛和障碍重重的僻静处寻找一个不牢靠的栖身之处。[27]

虽说米切尔对原住民们表示同情，但仅仅两段之后他就这样写道："我们再次在亨特谷找到了一些适合耕种的土壤，所有的土地都被用作农场。但是，山这边众多的山谷所能提供的牧场……对农场的所有者来说更有利可图。"[28] 在某一刻，他为原住民的损失表示感到难过，但在同一页文字里，他又称赞强行从原住民手里夺走的土地很有价值。

在他之前的探险之旅中，米切尔已经注意到了原住民是如何使用他们的土地的，尽管一些生产粮食的方法太不显眼，没有吸引到他的注意力，或者没让他看明白，但他还是对澳大利亚农业的未来发展委婉地发表了一些看法，就好像以前从来都不存在什么原住民生产粮食这回事。他俯瞰着山谷里定居者的棚屋和住房,炊烟袅袅,窗户上透出一块块琥珀色的灯光。这一派家庭生活的场景令他深深陶醉。仅仅在一年之前,他还说羡慕原住民村庄的温暖、欢歌笑语和那种家庭氛围,但现在,他把这片土地开发起来,只为自己的种族所用,为此感到自豪。

米切尔是个好人,但他和殖民地的每个英国人都有一样的野心:土地。

> 我们穿过了……一片肥沃的平原,那里的草长得非常好……我们很高兴有一个这么好的地方愿意延长我们的旅程,(并希望)会开辟出一片有用的田地。[29]

之后,米切尔得意地看着他在维多利亚的"好运澳洲"平原:

> 一片如此诱人的土地,而且居然还没有居民!我站在这里,是第一个闯入这片绝对僻静的青翠平原的欧洲人,这里还没有被牛羊触碰过;我意识到自己即将引领一场巨大的变化;那些似乎已经准备好了的人和动物很快就会追随我们的脚步。[30]

米切尔认为这片土地一直在等待着欧洲人带着他们的动物到来,这种自信实质上是欧洲学界傲慢的表现。欧洲人没有理解土著精神和经济的"共生"本质。数以百计的土著传说都强调了在获取食物时要与土地和睦相处的规则,其中也许有几个传说能指明那种关系。

前文引用的关于新南威尔士州南海岸虎鲸和尤因人的故事,除了食物供给之外,还有许多有趣而迷人的层面。19世纪在图佛德湾(Twofold Bay)的捕鲸业就利用了这种关系,而且原住民们与欧洲捕鲸者合作捕鱼。

贝丽尔·克鲁斯(Beryl Cruse)、利蒂·斯图亚特(Liddy Stewart)和苏·诺曼(Sue Norman)在《鲍鱼》一书中对尤因人和大海的关系作了精彩的概述。她们讲述了民族学家 R.H.马修斯所记录下列的传统捕鲸故事:

> 当地人在看到一头鲸鱼被虎鲸追赶时,就派一个老人装出跛足虚弱的样子,在海岸上点燃了几堆相隔不远的火,在这几堆火之间穿行,假装跛足无助,以激发虎鲸的同情心。老人招呼虎鲸把鲸鱼往岸边赶。当受伤的鲸鱼漂到岸边时,其他人从藏身处跑出来,杀死鲸鱼,并招呼邻近的部落加入这场盛宴。[31]

在欧洲人到来之前,这种关系就已经存在了很久,并根据对利益的需求不断改进。这种关系一直持续了很多年,直到一位心怀不满的欧洲捕鲸人射杀了领头的虎鲸。那是鲸类动物最后一次与人类合作。古老的互惠关系就这样被破坏了。

人类和虎鲸之间的关系最让人感兴趣的一面就是,人类这样做既是出于经济原因的无奈之举,也是为了与动物世界维系一种至关重要的精神联系。澳大利亚原住民和托雷斯海峡岛民的图腾系统坚信所有事物都相互联系,并且在精神上是平等的。尤因人相信,他们死后会以虎鲸的身份归来。人们在陆地上竖起了巨大的鲸鱼雕像,在离海岸100公里的地方都能看到,这也算是这一普遍信仰的体现吧。

许多早期殖民者都注意到人类与鲸类动物之间的密切合作。福斯德·法恩斯看到原住民和海豚一起在吉朗①捕鱼。海豚把鱼赶到岸边,方便原住民捕捞。在莫顿湾、蒙基米亚(Monkey Mia)和澳大利亚其他许多海滩也有类似的原住民与鲸类动物合作的情况。

约翰·布雷在他对新南威尔士州南海岸土著古道的调查中,把这些古道与在山上捕捉布冈夜蛾、在海边享用鲸鱼大餐的仪式相联系。他问他的读者:

> 世界上还有什么地方会有像在捕捉布冈夜蛾那样的聚会呢?还有什么别的地方多少能让人联想到图佛德湾的虎鲸和捕鲸呢?这些故事当之无愧在澳大利亚文化的伟大故

---

① 吉朗(Geelong),位于维多利亚州,在墨尔本西南76公里处,是著名大洋路的入口。——译注

事之列，是我们澳大利亚人自我认知的基石。这些故事都是有福同享的典范啊！[32]

在原住民的生活中，精神和物质世界是结合在一起的；但在欧洲社会，经济独立于精神文明而运行。而且，正如一些现代事件所展示出来的，经济发展几乎无视宗教道德准则。2009年的金融危机和2010年的墨西哥湾漏油事件之所以发生，是因为大多数参与者的基督教道德观已经被排除在其生意之外。就石油泄漏事件来说，它突显了基督徒的信念，他们认为自己对地球拥有支配权。

这个星球能否从金融世界目空一切的商业法则、从全球石油公司钻井作业的安全条例下幸免于难，那可是正在经受严峻考验的。今天，老人和虎鲸仍然给我们上了有用的一课。

上面所述故事在观点上严格遵守道德，强调分享和真实。但即使在这种形式下，也可能对不知情者隐瞒了重要信息。其他故事讲的是夜空，在那里，神话人物扮演着他们永恒的角色；有些故事与天气预测的方法有关，但总的来说，它们是关乎土地法则的故事。

第7章

澳大利亚农业的一次变革

原住民和非原住民之间最根本的区别之一就是对人与土地关系的理解。地球是母亲。原住民生于地球，因此，部落里的每个人对溪流、草地、树木、庄稼、动物，甚至季节都负有责任。部落生活都奉献给了自然的延续。

澳大利亚在殖民地时期之前，资源使用的集约化、语言发展和社会组织都已经呈现出伟大的变革趋势，因为在原住民和托雷斯海峡岛民与人类大家庭的其他成员处于同一认知发展轨迹上，尽管他们在一条不同的溪流中，有自己独特的流向。

也许最显著的差异是对土地所有权和资源使用的态度。各部落并不各自为政经营私人拥有的小块土地，而是利用焚烧和耕作方法共同准备大片土地用于生产。这种做法蕴含了潜在的保守主义，那是一种对他人的关心，虽然他们也许永不碰面；也是一种根植于其精神和文化本质里的对猎物的尊重。

如果我们能改变我们对原住民在殖民地时期之前如何管理民族经济的看法，可能会改变我们目前使用资源和照料土地的方式。试想一下，我们改变重点，转而去开发用于肉类生产的本土动物资源。试想一下，我们不再过度使用过磷酸钙、除草剂和各种兽用药，我们也不再需要围栏，取而代之的是去尝试着放牧本土动物和种植本土农作物。

20世纪30年代，人们在瑙鲁发现了大量的过磷酸钙，然后就进口到澳大利亚，并作为有益的肥料出售给农民。现在，一些农业科学家开始探究过磷酸钙在大面积土地盐碱化和水源污染中所产生的影响——人们普遍认为，氟是从过磷酸钙肥料中滤出来的。这种多余物还杀死许多能有效帮助植物生长的生物和微生物。在分析我们对土地的影响时，我们需要思考这种肥料的使用情况。包括农民在内的许多人一直在呼吁对此重新分析。

农民是最会适应公众需求的企业家，当公众的需求从红葡萄转向白葡萄或从甜菜根转向橄榄时，农民会作出反应。农学家会改变，但消费者会吗？

我们的农业部门和研究机构已经开始研究一些土著食品，但往往集中于最流行、最时髦的食品，如柠檬香桃、灌木番茄和灌木葡萄干。小学生们被告知木蠹蛾幼虫是原住民一种主要的食物来源，几乎就像是教育工作者在刻意强调原住民是粗野的、原始的。

相反，试想一下，我们重新教育国民，利用澳大利亚原住民的两种主要作物：薯蓣（以及其他根茎类蔬菜）和谷物。所有这些植物都已被原住民驯化，如今这些植物成了农业市场最具有潜力的食品。

很多植物得到的关注都太少了。袋鼠草（黄背草）经不起过度放牧，且每亩的产量与小麦和大米相比要差很多，但是在干旱地区人们已然放弃种植谷物和放牧绵羊的那些贫瘠农场，它也许是最好的植物。袋鼠草籽制成的面粉质量似乎鲜为人知；但如果用这种植物做成的糕饼被斯特尔特评价说是他吃过最好吃的，也许我们就需要更仔细地加以考察了。

一些科学家认为，垂穗大麦草是一种适合商业化种植的植物，但在试验适合这种植物的播种、收割、储存和销售技术方面，农学家需要得到支持。[1] 戴维斯·沃夫（Davis Waugh）和勒弗罗伊（Lefroy）研究了这种植物的潜力，虽然它的产量没有一年生谷物那么高，但他们认为大麦草既可以作为一种谷物也可以作为一种牧草，在经济上是可行的。如前所述，多年生植物根系中碳的保留将被证明是促使植物向多年生转变的决定性因素。

薯蓣雏菊似乎是另一种顺理成章的经济作物，可能会吸引我们这个注重食物社会的注意力。在一个原住民工作小组花了一年时间研究分析了维多利亚州马拉库塔原住民居住地之后，小组中几个原住民和非原住民成员开始了一项用种子种植薯蓣雏菊的计划。试验仍在进行中，2012年春天，我们收获了第一批果实，并在2013年秋天将大部分种子再次播种。为了增加对这种植物的了解，我们已经试验了各种土壤类型和生长条件。不久，我们将能够出售果实，并将这种植物的知识传播给各类种植者，让他们种植到各种土壤中去。

我们已经发现，用我们自己的种子种出来的植物比第一季植物更加健壮，产量更高，这表明植物已经适应了栽培过程。当我们翻耕植物周围的土壤时，植物就会茁壮成长，植物长大一些后就会长出更大的基叶，平铺在地上防止杂草生长。我们把苔藓和百合鳞茎套种到我们分成一小块一小块的地里，很多早期的观察者都注意到袋鼠草经常生长在薯类作物中。不同的可食用植物之间的相互作用并非偶然，因此我们必须努力弄清楚如此间种的缘由和好处。

我们的目标是让一个或一群年轻的本地原住民把这项调查结果变成一门有利可图的产业。

其中有个种植者就是安内特·皮兹利（Annette Peisley），他采用白利糖度指数测量了各种水果和块茎的能量系数。"马铃薯的白利读数约为5°—6°，因此，就果聚糖含量（糖水平，并考虑白利糖度的局限性）而言，100克的薯蓣雏菊块茎样本提供的能量是100克马铃薯的3—4倍。"[2]

原住民食用较少的块茎就能获得相同的能量，这样也可以使食物的储存和运输效率更高。

对薯类植物之特性的进一步研究可能会使人们更加了解它作为一种商业作物的潜力。

左图：木秋（薯蓣雏菊）；右图：收获的块茎（林恩·哈伍德供图）

希望当薯蓣作为一种商品被人们接受时，原住民会被邀请参与科学研究，并分享新的成功。原住民团体已纷纷在争取获得土地，以便在东吉普斯兰进行田间试验，政府的积极干预可能会对此提供直接而有效的帮助。

古兰迪·蒙吉公司（新南威尔士州南海岸的一家由尤因人开办的公司）正在计划收获一大批谷物，早期的面粉生产试验已经取得了惊人的成果。目前已烹制出来的面包其味道和香气暗示着我们正逐渐接近斯特尔特和米切尔所说的松软甜"糕饼"了。

2015年，莫迪莫迪部落（Mutti Mutti）、拉吉拉吉部落（Latji Latji）和巴金吉部落（Barkinji）的妇女和儿童与日本艺术家小林

左图：2016年在芒戈湖烘烤的黍粉面包；
右图：袋鼠草（珍妮特·霍普和林恩·哈伍德供图）

丰合作，从本地黍米（大麦草）中收获和提取谷物。随后，他们在芒戈湖的沙滩上用烤炉烘烤出了面包。这次活动获得了巨大的成功，也是我们历史上一个重要的时刻。澳大利亚原住民拥有利用自己驯化的传统植物谋生的潜力，这是我们国家令人兴奋的前景。

捕鱼业也是如此。第一批欧洲移民将鲍鱼贬作"羊肉鱼"而弃之如草芥。正如我们所看到的情况，一旦来自亚洲的需求使它成为一种有价值的商品，原住民就被挡在了收获之外。即便如此，东吉普斯兰的原住民社区仍在努力鼓励政府将他们纳入保护鱼类资源的新计划中，因为数千年来，正是原住民通过富有智慧的捕捞手段加上设置限额才保护了这些资源。欧洲人到达的时候，澳洲的海洋资源是很丰富的；但是200年后，所有成为商品的物种都受到了威胁，有些甚至已经消失了。将原住民纳入渔业捕捞执照分配似乎是对经济有益的做法。

接受这个国家的全部历史有助于我们对可持续收获的认知更加全面，水平也将上升到新的高度。改变可能是必需的，但这并不会导致人们更偏爱荒野或收回生产用地。从最古老的土地耕作实践中将会诞生新的想法和新的方法。

在未来，国人可能会减少吃肉，但总归还是要吃的。食用袋鼠和小袋鼠不会危及有袋类动物的种群，反而能保护它们。我们必须接受这个事实：如果我们把动物的肉作为蛋白质的主要来源，最好食用那些最能适应我们的土壤和气候的动物，那些给土壤造成的损害最轻、对我们已日趋萎缩的水资源需求量最低的动物。

动物权利和福利保护团体对于家畜的养殖和待遇予以相当正确的监控，但是国人对食用本土动物所表现出来的厌恶正在威胁着我们的土壤和水资源。利用这些动物并不意味着它们再也不会"在野外被发现"，相反，这样做恰恰可以确保它们会生活在野外，而我们目前所采用的方法却正在导致动物的大规模灭绝，要知道那些动物本来是很适应以前由澳大利亚原住民管理和成就的环境的。

第8章
接受历史，创造未来

加文·孟席斯在他的《1421年：中国发现世界》(*1421: The Year China Discovered the World*)一书中思考着中国人在1423年后继续探索世界会是什么样的情景。他认为中国人已经到达了澳洲，并开始与原住民和托雷斯海峡岛民进行贸易。

然而，就在这一社会交往和商业贸易刚刚开始的时候，闪电和大火摧毁了紫禁城，当时已经处于政治压力之下的明成祖朱棣认为这是众神反对他的迹象。他的身体每况愈下，财富也日渐萎缩，他的政敌摧毁了将世界纳入中国贸易体系的外交政策。中国的出海探险活动就此戛然而止。

朱棣在位期间，中国人接待了他们到访过国家的使节，像接待皇室一样接待他们，然后把他们送回自己的祖国，并赠送大量礼物以巩固贸易关系。有一种说法是，根据这一安排，在海参贸易即将谈成的时候，澳大利亚北部的一些原住民造访了中国。

孟席斯对当时发生情况所提出的观点,让欧洲和中国在外交政策上形成了鲜明的对比:"殖民者不像有教养的中国人那样被教导要'与人为善',他们是残忍、近乎野蛮的基督徒。弗朗西斯科·皮扎罗(Francisco Pizzaro)冷血地屠杀了5 000名印第安人,从印加人手中抢得了秘鲁。放在今天,他会被视为战犯。"[1]

实际上,葡萄牙人利用中国人绘制的地图找到了通往东方的路,然后"窃取"了印度人和中国人已经营数个世纪的香料贸易,并且所向披靡。当15世纪葡萄牙探险家瓦斯科·达·伽马(Vasco da Gama)抵达卡利卡特①时,他让船员把印度囚犯游街示众,然后砍下他们的手、眼和鼻子。

入侵者喜欢杀死土地的原主,然后夺走土地;然而更有甚者,他们还喜欢羞辱土地的原主。一旦这项残忍的工作结束,入侵者的子孙们就会改写这片已更名的土地的历史,把他们的祖辈们描绘成仁慈的梦想家。

在描述各个国家如何将自己与历史事实隔离时,孟席斯指出:"美国和欧洲的历史学家成功地说服了世界……哥伦布发现了美洲,库克发现了澳洲。"[2]

这种捏造并非绝无仅有,殖民主义历史充满了这样的例子。之前提到过的大象山巨石。在该地区有一些石阵,但它们和维多利亚州其他地方用于仪式的建筑物相似。殖民者夸张地记载

---

① 卡利卡特(Calicut),印度西南部港市科泽科德(Kozhikode)的旧称。——译注

这些建筑，然后告诉媒体，只有欧洲人才能造出这些建筑。他们将一幅版画作为支持自己主张的证据，这幅画故意将像巨石阵那样的巨大柱基与被贬损的土著人的原始居所放在一起展示。原住民的小屋被描绘成一个简陋的遮篷，一端用一根细绳系在一支矛上。**你看，论调就出来了，这些人不可能建造出这样的巨石阵，他们是后来的低等种族。**

凭臆想画出的大象山柱基图（公版图片）

221 根据麦克尼文和拉塞尔的说法，这种欺骗的手段"帮助欧洲殖民者获得了合法拥有澳洲大陆的权利。欧洲殖民实际上成了一个（重新）占有他们失去遗产的过程"[3]。

麦克尼文和拉塞尔认为,欧洲人这种占领合法化的欲望堪比当年纳粹对于历史和考古学的歪曲,以便证明灭绝犹太人是正当合法的。欧洲人绞尽脑汁去为自己的野蛮行径辩解,从而创造了一个充斥谎言和拒不认账的时代。

也有来自其他大陆的殖民者,但试图称霸世界的是欧洲人,有时采用的手段是互相控制。

蒂莫西·斯奈德(Timothy Snyder)在他的《血色大地》(Bloodlands)一书中,试图解释为何短短 12 年间竟有 1 400 万人在覆盖了乌克兰、波兰、捷克斯洛伐克和罗马尼亚这么一个相对较小的区域命丧希特勒等纳粹分子之手。他在书中讨论了殖民者的动机:"在殖民统治中,意识形态与经济学相互作用;在行政机构中,它与机会主义和恐惧相互作用。"[4]他解释了他人的想法是如何获得那些原本持怀疑态度人的支持并将这个想法付诸具体实践的。

有一张早期探险家、牧场主安格斯·麦克米伦(Angus McMillan)与两个原住民坐在一起的照片。[5]这张照片一直令我感到很困惑。麦克米伦就是那个在日记中篡改事实、暗示自己是第一个进入吉普斯兰的白种男人,他握着他右边那个男人的手,那个男人恐惧地盯着镜头。另一个男人则一脸痛苦,无可奈何地看着镜头。麦克米伦的姿势看起来有点奇怪,原来他把另外两人挤在了身后,而且他大腿的高度表明他坐在一个垫子上,这样就能让他看起来是三人中最高的一个。麦克米伦的眼睛似乎在质问摄影师这个摆拍是否足够令人信服。

大约翰尼·卡邦、麦克米伦和杰米·格伯(维多利亚州立图书馆供图)

照片中与麦克米伦在一起的两个男人是大约翰尼·卡邦(Big Johnnie Cabonne)和杰米·格伯(Jemmy Gebber)。麦克米伦不仅篡改了他的旅行记录,以提高他作为探险家的声誉,而且还展示了一些照片,表明他是黑人们的朋友,尽管他和他的手下杀害了数百个人。

卡邦和格伯都被迫给麦克米伦当向导,带着他在吉普斯兰到处转悠。在某一时刻,麦克米伦声称他发现格伯举着一把短柄小斧,想要谋杀他。但这可能是麦克米伦用手枪顶着格伯的头、逼他带自己进入吉普斯兰的借口。

格伯在当代的家人一直记着这些事情,说麦克米伦后来杀了格伯,就像吉普斯兰的其他拓殖者在向导把他们送到"理想中的黄金国"(El Dorado)后立马把向导杀了一样。有趣的是,格伯慷慨地领着里德(Reed)和塞勒斯(Sellers)家族的成员去了德勒戈特地区附近。也许,格伯拼命想要摆脱入侵自己家园的白人,所以试图让性情温和的人来自己的家园居住。澳洲殖民的最后阶段就是让原住民接纳白人中最好的人。

一些定居者很体谅原住民,并感谢他们的帮助和知识。亨利·塞勒斯(Henry Sellers)一生中一直都有亲密的原住民朋友,直到20世纪30年代,里德家族仍在雇用原住民。

但并不是所有人都相信这片土地最初的主人算是人类。在东吉普斯兰发生的持续数月的大屠杀中,除了一名儿童外,其他所有人都被杀害了。定居者开始轻快地、一脸困惑地谈论起黑人的消失,好像不知道他们为何消失似的。尽管大屠杀得到了该地区第一批取得放牧权者的承认,但后来的历史还是重复着这种记忆的麻木不仁。

欧内斯特·法芬克(Ernest Favenc)是一名探险家,他强烈否认原住民的存在。在他的小说中,原住民在欧洲人到来之前并不是这片土地的"真正"所有者。他认为真正的所有者是生活在他们之前的一个更高级的古代文明。在他的《澳大利亚沙漠的奥秘》(The Secret of the Australian Desert)一书中,这一绝迹的种族是被火山给毁灭的,从而把澳洲大陆的占有权留给了欧洲人。这样,他大笔一挥就把原住民的所有权给抹掉了,那些看起来让人心生疑惑的建筑也就得到了解释,这片大陆的所有权就兵不血刃地掉进了欧洲人的口袋。这才是他的梦想。

历史学家梅丽莎·贝兰塔(Melissa Bellanta)分析了这种文学现象,称之为利莫里亚①理论。这个术语取自1898年G. F. 斯科特(G. F. Scott)的小说《最后的利莫里亚人》(*The Last Lemurian*)。澳大利亚人正在寻找一个更有价值的历史来作为他们占领这片土地的依据。贝兰塔解释道:"在这些作品中,比起那些七零八落的游牧民族,一个曾经辉煌的内陆文明形象让这些作品想象中的澳洲一下子有了更具价值的'神话般的历史'。"6

在删除我们历史中那些令人不快部分(例如,对土地的非法占领和对居住者的屠杀)的过程中,我们失去了一些我们从不知道但存在过的东西,如农作物、房屋、灌溉系统和渔场,这些元素都可能是未来繁荣的关键。

但首先我们需要了解我们是如何来到这地上的。蒂姆·富兰纳瑞在《地球上发生的事》(*Here on Earth*)一书中比较了达

---

① 利莫里亚(Lemuria,或Limuria),是一个理论上的大陆,1864年由动物学家菲利普·斯克拉特(Philip Sclater)提出,它已经沉没在印度洋下面。提出这个观点是为了解释为什么狐猴化石出现在马达加斯加和印度,而不是在非洲或中东。——译注

尔文派和华莱士派的观点，以及那些在过去40年中思考过进化问题的人。例如，彼得·沃德（Peter Ward）认为，依赖"适者生存"这个观念导致了所谓的"美狄亚假说观"（Medean outlook）。在这种观点中，无情的竞争可能导致资源和人口的毁灭。然而，詹姆斯·拉夫洛克（James Lovelock）提出了盖亚理论（Gaia theory），认为人类在一定程度上相互合作，关注物种和地球的共同生存，而不仅仅是最适合个体的生存。

盖亚理论认为地球和它的居民是一个自我调节的系统，其目标是"调节地表条件，以便尽可能有利于当代生活"[7]。一些科学家认为盖亚主义者是"新时代"的幻想家，但富兰纳瑞认为这个理论是建立在严谨科学基础上的。

达尔文主义及其美狄亚假说观可能给那些不愿研究殖民历史、不愿研究全球土著居民惨遭殖民者杀戮的人提供了慰藉，但这个世界及其生物的未来值得我们给予最有条理的思考和判断。去弄清楚现代文明的发展轨迹，并不是要嘲笑私人企业或科学探索，而是希望那些能源的使用方式不会给地球带来严重的破坏。

这样做不是对高贵野蛮人的装腔作势的假同情或膜拜，而是对地球本身所给予的一种谨慎的经济管理和虔诚的尊重，不管地球是拜上帝所创还是由班吉尔①或佛陀所造，那都没有多

---

① 班吉尔（Bunjil），在澳大利亚原住民的神话中是创造者之神、文化英雄和祖先，通常被描绘成一只楔尾鹰，创造世界和生命，并保护着这片土地。——译注

大关系。人类生存在一个健康的星球上不是一种温和自由的白日梦,而是健全的全球管理,也是最深切的宗教推动力。

世界历史上的任何时代,没有一个民族会想要遭受压迫、经受困扰,或在别人眼里被看成是无关紧要之辈。大家都渴望有饭可吃、有房可住、生活有目标;因此,能够最大程度满足公民这三种物质和心理上需求的制度就应该被看作是最成功的制度。而且,这种制度经得住时间的考验,只能是由人民的意志来实现。

任何读过这本书或读过本研究所涉及著作的人,都会想知道为什么澳大利亚原住民的发展轨迹并没有导致科学和农业的全面进步。鲁珀特·格里森想知道任何文化的创新是否与其规模成正比。这也许可以解释探险者们所看到的澳洲景象,但土著文明的存在也许既有哲学依据,也有证据证明。

也许人类的命运仍在变化之中,当下这种我们对其理所当然地心存敬畏的反复,虽有高明之处,但也有一些危险的缺陷。在私营企业制度的推动下,追求卓越就会根深蒂固地要求人口呈现几何级数增长,而且,正如我们在过去几十年所经历的那样,这个制度似乎无法保护一些关键的资源,如空气质量、肥沃的土壤和清洁的水。

这不是资本主义和共产主义的区别;这是资本主义和土著主义的区别。资本主义为同类的资本家提供决策平台,但要在全国范围内说服各个社区的民众,这个工作量还是会令资本主义不寒而栗的。如果不是这样,我们对墨累-达令盆地的管理就不会陷入这样的僵局;我们永远不会任凭联邦中的一个州没有饮用水而置之不理;我们也不会有法律允许煤层气开采者毁坏农民的土地并威胁到大陆的地下水。

我们一直告诉自己,我们是幸运的澳大利亚人,事实正是如此。但是,正如唐纳德·霍恩(Donald Horne)多年前说的那样,我们正在消耗借来的资本。我们仍然幸运——幸运地与10万人一起参加了一场音乐或体育盛会,所有人都在当晚安全返回了家。我们仍然幸运地拥有充足的食物和宁静的海滩,我们还幸运地拥有一个运转良好的民主国家。

承认这个国家的历史,承认原住民和托雷斯海峡岛民的社会、农业和哲学成就,并不会让我们的经济遭受危险。

恢复原住民对往昔的自豪感、让历史启迪未来,那样才会解开原住民身上绝望的枷锁。如果原住民每一天都要为自己对往昔的自豪感、为自己向祖先成就表示敬意的决心而据理力争,那么他们就会更加绝望。要确保不会因为原住民的生活和历史阻挡了议会的视野就把他们从地图上抹去,这样做将会对这个国家的未来产生震撼之效。

鼓励原住民全面参与国家事务,并不是简单地给他们发放荧光背心,让他们在亿万富翁的矿井里工作,而是需要与原住民就国家的未来进行对话。有机会参与国家的未来,这将使原住民从殖民主义的枷锁中解脱出来。这个国家的殖民性质不会改变，但是被剥夺权利的一族将被纳入，不仅被纳入选举过程或宪法中，也被纳入整个澳大利亚的精神世界中。我们将实现"一个国家"的理念，不是通过排斥，而是通过很少被提及的容纳，即：原住民的参与。

然而，更重要的是，这将有益于我们的智慧和道德，把我们从目前绞尽脑汁去为殖民主义和剥夺他人土地的合理性进行辩解中解放出来。

一个国家似乎不可能继续回避它的历史事实，只为了证明"我们说过对不起，却拒绝说声谢谢"这个事实。如果我们决定说声"谢谢"，那么从道义上来说，国家的下一步举措就是确保每一个澳大利亚人承认历史，并坚决主张，既然我们都是澳大利亚人，我们就应该在平等的条件下分享这个国家的教育、医疗和就业机会。许多人会说，平等不足以补偿土地的损失，但在我们目前的困境中，这是一个不错的起点。

这段旅程的开始是为了让人们认识到，原住民曾经确实建造了房屋，确实耕种和灌溉了庄稼，确实缝制了衣服，认识到原住民并不是大地上不幸的游荡者，也不仅仅是采猎者。原住民对这个国家的生产力产生了影响，他们几千年来在这样的进程中学到的东西对我们今天很有用。拒绝承认原住民在农业和精神上取得的成就是跨文化理解的最大障碍，也许还会阻碍澳大利亚的道德建设和经济繁荣。

致　谢

我非常感谢鲁珀特·格里森,我在谷歌上搜索澳大利亚原住民的谷物时发现了他所著的《澳大利亚和农业的起源》(*Australia and the Origins of Agriculture*)一书。这本书出现在搜索结果的第35条,此前的34条提及的都是当代的小麦作物,这也说明了对这一主题的研究非常匮乏。

在后来的搜索中,我又发现了比尔·甘米奇的一篇论及原住民园艺和农耕的论文。甘米奇最新的一本著作《地球上最大的庄园》(*The Biggest Estate on Earth*)事无巨细地研究了早期探险者和定居者留下的记录,其中许多人都提及自己偶尔遇到的"绅士庄园"。这不是荒地,不是流浪者踏足的土地,而是精心管理的景观,人们花费了巨大的劳力只为创造适合粮食生产的尽可能最好的环境。

我非常感谢我的编辑玛格丽特·惠斯金,感谢她的独具慧眼和鼓励,是她让这本书得以出版。

我要感谢祖先们对这片土地巧妙的保护。地球上还有哪个地方的文明能延续8万年,靠的是农业……还有和平?

其他还有许多人和机构提供了信息和建议,包括戈登·布里斯科、约翰·克拉克、内维尔·奥迪、林恩·哈伍德、苏姗·帕斯科、杰克·帕斯科、库利原住民遗产基金会、维多利亚土著语言组织、布雷瓦里纳文化中心、布拉德·斯特德曼、马克斯·哈里森大叔、苏·韦森、琳内特·所罗门-登特、维姬·卡曾斯、弗兰·摩尔、泰德·勒弗罗伊、赫布·帕滕、迈克尔·佩里(地图侦探)、雷吉·亚伯拉罕斯、伊丽莎白·威廉斯、波琳·怀曼、麦克·梅罗尼、理查德·(库玛·)斯万、泰德·多尼兰、克里斯蒂娜·艾勒、斯蒂芬·莫雷、马克斯·艾伦、伊恩·奇弗斯、夏洛特·芬奇、维罗妮卡·弗瑞尔、哈里·艾伦、宝拉·马丁、《手工制品》、苏·诺曼、贝蒂·克鲁斯、利迪·斯图尔特、玛丽亚·布兰德尔、安妮特·佩斯利、彼得·加德纳、雷·诺里斯、约翰·莫里森、迈克尔·沃尔什、杰森·斯图尔特、尼克·康诺顿(过磷酸钙)、圣基尔达土著苗圃合作社(SKINC)、格布哈特(地图侦探)、约翰·坎贝尔(磨坊主)、芭芭拉·哈特、本·休利、迈克尔·韦斯塔维、莉兹·瓦宁、彼得·乌洛达齐克、雷德·比尔德面包店、希奥尔希奥·迪·马利亚、詹姆斯·赫德、芒戈湖的女士们,以及其他很多人。

图片出处

文前

Front photo by Barnaby Norris. From *Emu Dreaming: An Introduction to Australian Aboriginal Astronomy*, Ray and Cilla Norris, Emu Dreaming, 2009, p.5

Author photo by Kim Batterham

第 1 章

p. 18: Illustration by JH Wedge, 'J. H. W. Native Women Getting Tam Bourn Roots 27 August 1835'. From the *Todd Journal Andrew (alias William) Todd John Batman's Recorder and His Indented Head Journal 1985*. La Trobe section, State Library of Victoria, p. 70

p. 19: Photographs by Vicky Shukuroglou

p. 27 (left): Photograph by Beth Gott

p. 27 (right): Illustration by John Conran, University of Adelaide

p. 28: 'Perennial Grain Crops for High Water Use — The Case for Microlaena Stipoides.' CL Davies, DL Waugh and EC Lefroy, RIRDC publication number 05/024. Adapted from the *Tindale Map*, *Aboriginal Tribes of Australia: Their Terrain, Environmental Controls, Distribution, Limits and Proper Names*, Australian National University Press, Canberra,

1974

p. 37: Photographs by Jonathon Jones

p. 48: Photograph by Lyn Harwood

p. 65: Photograph by Lyn Harwood

第 2 章

p. 72: Ref 85/1286-722. Tyrrell Collection, Powerhouse Museum, Sydney

p. 77: Ref 85/1285-1135. Photograph by Henry King. Tyrrell Collection, Powerhouse Museum, Sydney

p. 88: Photograph by DF Thomson. Courtesy of the Thompson family and Museum Victoria

p. 90: Photograph by Connah and Jones, University of New England. Reproduced in Memmott, P., *Gunyah, Goondie & Wurley. The Aboriginal Architecture of Australia*, UQP, Brisbane: 2007, p. 69

p. 95: Photograph by Stephen Mitchell

第 3 章

p. 122: Photograph from Queensland Museum. Reproduced in Memmott, P.; TITLE, UQP: 2007, p.19

p. 124: Photograph by Lyn Harwood

p. 127: From Smyth Papers, La Trobe Library, Melbourne. Reproduced in Memmott, P. *Gunyah, Goondie & Wurley: The Aboriginal Architecture of Australia*, UQP: 2007, p. 197

p. 135: Photograph by Lyn Harwood

p. 137: Taken from *Science of Man and Journal of the Royal Anthropological Society of Australasia*, vol. 2, 1899, p. 65. Reproduced in Young, M., *Aboriginal People of the Monaro*, 2nd ed. (2003), NSW National Parks and Wildlife Service, p. 314

p. 139: Photographs by Jane Pye

p. 141: Image courtesy of the State Library of South Australia. SLSA:

Special Collection 994T M682 — Plate 20 — *Burying-ground of Milmeridien*

p. 143 (top): Image courtesy of the State Library of South Australia. SLSA: Special Collection 994T M682 — Plate 16 — *Tombs of a Tribe*

p. 143 (bottom): Haddon Library of Archaeology and Anthropology, University of Cambridge

第 4 章

p. 153: Haddon Library of Archaeology and Anthropology, University of Cambridge

第 5 章

p. 170 (top): Photograph by Lyn Harwood

p. 170 (bottom): Photograph by Helen Stagall

第 7 章

p. 214 (left and right): Photographs by Lyn Harwood

p. 215 (left): Photograph by Jeanette Hope

p. 215 (right): Photograph by Lyn Harwood

第 8 章

p. 220: Public domain

p. 222: *Angus McMillan with Two Aboriginal Friends*, held by the La Trobe Picture Collection at the State Library of Victoria

参考文献

Aboriginal Affairs Victoria in conjunction with the Kerrup Jmara Elders Aboriginal Corporation, 'Lake Condah: Heritage Management Plan & Strategy', Aboriginal Affairs Victoria, Melbourne, 1993

Albrecht, Rev. F. W., *The Natural Food Supply of the Australian Aborigines*, Aborigines' Friends Association, Adelaide, 1884

Allen, H., 'Where the Crow Flies Backwards: Man and Land in the Darling Basin', unpublished thesis, Research School of Pacific Studies, ANU, Canberra, 1972

——, 'The Bagundji of the Darling Basin: Cereal Gatherers in an Uncertain Environment', *World Archaeology*, vol. 5, 1974, pp. 309-322

——, *Australia: William Blandowski's Illustrated Encyclopaedia of Aboriginal Australia*, Aboriginal Studies Press, Canberra, 2010

Altman, J., H. Bek, and L. Roach, 'Native Title and Indigenous Utilisation of Wildlife: Policy Perspectives', Centre for Aboriginal Economic Policy Research, ANU College of Arts & Social Sciences, Canberra, discussion paper 95/1995

Anderson, S., *Pelletier: The Forgotten Castaway of Cape York*, Melbourne Books, Melbourne, 2009

Andrews, A.E.J. (Ed.), *Stapylton with Major Mitchell's Australia Felix*

Expedition, Blubber Head Press, Hobart, 1986

Archer, M., 'Confronting Crises in Conservation' in D. Lunney and C. Kickman (Eds), *A Zoological Revolution: Using Native Fauna to Assist in Its Own Survival*, Royal Zoological Society of New South Wales and the Australian Museum, 2002, pp. 12-52

Arkley, L., *The Hated Protector*, Orbit Press, Melbourne, 2000

Ashwin, A. C., *From Australia to Port Darwin with Sheep and Horses in 1871*, Royal Geographic Society of Australasia (SA), 1932

Barber, M. and S. Jackson, *Indigenous Water Values and Water Management on the Upper Roper River Northern Territory: History and Implications for Contemporary Water Planning*, National Water Commission, 2012

Barlow, A., *The Brothers Barmbarmbult and the Mopoke*, Macmillan, Melbourne, 1991

Barta, T., 'Mr Darwin's Shooters: On Natural Selection and the Naturalizing of Genocide', *Patterns of Prejudice*, vol. 39, no. 2, 2005, pp. 116-137

——, 'They Appear Actually to Vanish from the Face of the Earth: Aborigines and the European Project in Australia Felix', *Journal of Genocide Research*, vol. 10, issue 4, 2008a, pp. 519-539

——, 'Sorry, and Not Sorry, in Australia: how the apology to the stolen generations buried a history of genocide', *Journal of Genocide Research*, vol. 10, issue 2, 2008b, pp. 201-214

——, 'Decent Disposal: Australian historians and the recovery of genocide' in D. Stone (Ed.), *The Historiography of Genocide*, Palgrave, Melbourne, 2008c

Basedow, H., *Knights of the Boomerang*, Hesperian Press, Carlisle, 2004

Batman, J., 'The Settlement of John Batman on the Port Phillip', from his own journal, George Slater, 1856

Beale, E., *Sturt: The Chipped Idol*, Sydney University Press, Sydney, 1979

The Bega Valley Shire, Bega Valley Shire Council, 1995

Bednarik, R. G., 'The Origins of Human Modernity', *Humanities*, vol. 1, 2012

Bellanta, M., 'Fabulating the Australian Desert: Australia's Lost Race Romances, 1890-1908', *Philament*, no. 3, April 2004

Bennett, M., 'The Economics of Fishing: Sustainable Living in Colonial New South Wales', *Aboriginal History*, vol. 31, 2007, pp. 85-102

Berndt, R. and C. Berndt, *The World of the First Australians: Aboriginal Traditional Life: Past and Present*, Aboriginal Studies Press, Canberra, 1999

Beveridge, P., various published and unpublished manuscripts including *Courtenie and Kurwie* (Native Companion and Emu), supplied as copies by Victorian Aboriginal Corporation for Languages from Library and press collections, Box 140/3, library stamped 1911

——, *The Aborigines of Victoria and the Riverina*, Lowden Publishing, Donvale, 2008 (re-issue of ML Hutchinson publication of 1889)

Bird, C. and R.E. Webb (Eds), *Fire and Hearth: Forty Years On: Essays in Honour of Sylvia Hallam*, records of the Western Australian Museum, supp. 79, Western Australian Museum, 2011

Bird-Rose, D., *Nourishing Terrains*, Australian Heritage Commission, Canberra, 1996

——, 'Exploring and Aboriginal Land Ethic', *Meanjin*, vol. 47, no. 3, 1998

Blay, J., 'Bega Valley Region Old Path Ways and Trails Mapping Project', Bega Valley Regional Aboriginal Heritage Study, 2005

——, 'The Great Australian Paradox', Eden Local Aboriginal Land Council, 2012

——, *On Track*, New South Books, Sydney, 2015

Briscoe, G. N., *Racial Folly: A Twentieth-Century Aboriginal Family*, ANU E Press and Aboriginal History Incorporated, ANU, Canberra, 2010

Brock, D.G., *To the Desert with Sturt: A Diary of the 1844 Expedition*, Royal Geographical Society of Australasia, South Australian Branch, 1975

Brockwell, J., C.M. Evans, M. Bowman, and A. McInnes, 'Distribution, Frequency of Occurrence and Symbiotic Properties of the Australian Native Legume Trigonella Suavissima Lindl. and Its Associated Root-Nodule Bacteria', *The Rangeland Journal*, vol. 32, no. 4, pp. 395-406, 26 November 2010

Brodribb, W. A., *Recollections of an Australian Squatter, 1835 - 1883*, John Woods and Co., Sydney, 1883

Broome, R., 'The Great Australian Transformation', *Agora*, vol. 48, no. 4, 2013

Bulmer, J., *John Bulmer's Recollections of Aboriginal Life*, A. Campbell (Ed.), Museum Victoria, Melbourne, 2007

Bunjilaka Museum, Museum Victoria, Exhibit note, 2009

Butler, B., 'A Snapshot of My Life', Facebook, 2012

Candelo Historical Committee, *Candelo Recollects*, 1984

Cane, S., 'Australian Aboriginal Seed Grinding and Its Archaeological Record: A Case Study from the Western Desert' in D. Harris and G. Hillman (Eds) *Foraging and Farming: The Evolution of Plant Exploitation*, Unwin Hyman, London, 1989, pp. 99-119

Cathcart, M., *The Water Dreamers*, Text Publishing, Melbourne, 2009

Chalmers, D., *Eight Moons to Midnight*, unpublished manuscript, 2012

Chivers, I., *Native Grasses*, Fourth Edition, Native Seeds, 2007

——, 'Splendour in the Grass: New Approaches to Cereal Production', *The Conversation*, July 2012, http://theconversation.com/splendour-in-the-grass-new-approaches-to-cereal-production-8301

Chivers, I., R. Warrick, J. Bowman, and C. Evans, *Native Grasses Make New Products*, RIRDC, Canberra, June 2015

Christie, M. J., 'Aboriginal Science for an Ecologically Sustainable Future', *Australian Teachers' Journal*, March 1991

Clark, C. M. H., *Select Documents in Australian History*, Angus and Robertson, Sydney, 1965

Clark, I. D., 'The Journals of George Augustus Robinson, Vol. 2, Oct 1840 to August 1841', *Heritage Matters*, 1998

Clark, I. D. and T. Heydon, *Dictionary of Aboriginal Placenames of Victoria*, Victorian Aboriginal Corporation for Languages, Melbourne, 2002

Clarke, P., *Where the Ancestors Walked*, Allen and Unwin, Melbourne, 2003

——, *Aboriginal People and Their Plants*, Rosenberg, Dural, 2007

——, *Aboriginal Plant Collectors*, Rosenberg, Dural, 2008

Cleland, J.B. and T.H. Johnston, 'Notes on Native Names and Uses of Plants in the Musgrave Ranges Region', *Oceania*, vol. 8, 1936, pp. 208-215, 328-342

Cleland, J.B. and T.H. Johnston, 'Aboriginal Names and Uses of Plants in the Northern Flinders Ranges' in *Transactions of the Royal Society of South Australia*, vol. 63, 1939a, pp. 172-179

Cleland, J.B. and T.H. Johnston, 'Aboriginal Names and Uses of Plants at the Granites, Central Australia' in *Transactions of the Royal Society of South Australia*, vol. 63, 1939b, pp. 22-26

Cobley, J., *Sydney Cove 1788*, Hodder and Stoughton, London, 1962

Connor, J., *The Australian Frontier Wars*, UNSW, Sydney, 2002

Cooper, D., *ABC Science News*, Flinders Rangers Rock Shelter, ABC, 4 November 2016

Cooper, W., 'The Changing Dietary Habits of 19th Century Australian Explorers', *Australian Geographer*, vol. 28, 1997

Craw, C., 'Tasting Territory', *The Australian-Pacific Journal of Region*

Food Studies, no. 2, 2012a

——, 'Gustatory Redemption: Colonial Appetites, Historical Tales and the Contemporary Consumption of Australian Native Foods', *International Journal of Critical Indigenous Studies*, vol. 5, no. 2, 2012b

Crawford, I. M., 'Traditional Aboriginal Plant Resources', Australian Museum supp. no. 15, 1982

Cruse, B., L. Stewart and S. Norman, *Mutton Fish*, Aboriginal Studies Press, Canberra, 2005

Cundy, B.J., 'The Secondary Use and Reduction of Cylindro-Conical Stone Artifacts', *NT Museum of Arts and Sciences*, vol. 2, no. 1, 1985, pp. 115-127

D'Arcy, P., *The Emu in the Sky*, Natural Sciences and Technology Centre, Canberra, 1991

Davey, M., *Brown Judy*, Penfolk, Melbourne, 2010

Davies, C.L., D.L. Waugh, and E.C. Lefroy, *Perennial Grain Crops for High Water Use*, Rural ndustries Research and Development Corporation, Canberra, 2005a

Davies, C.L., D.L. Waugh, and E.C. Lefroy, 'Variation in Seed Yield and Its Components in the Australian Native Grass, *Microlaena Sstipoides*', *Australian Journal of Agricultural Research*, no. 56, 2005b

Davis, J., *Tracks of McKinlay and Party Across Australia*, Samson Low, London, 1863

Davis, M., 'Sealing and Whaling in Twofold Bay', unpublished manuscript, 2004

Davis, W., *The Wayfinders: Why Ancient Wisdom Matters in the Modern World*, Anansi Press, Toronto, 2009

Dargin, P., *The Aboriginal Fisheries of the Darling-Barwon Rivers*, Brewarrina Historical Society, 1976

Dawkins, R., *The God Delusion*, Transworld, Black Swan, London, 2006

Dawson, J., *Australian Aborigines*, George Robertson, Melbourne, 1881

Denham, T., M. Donohue, and S. Booth, 'Horticultural Experimentation in Northern Australia Reconsidered', *Antiquity*, no. 83, 2009

Ditchfield, C., *Salting in Australia*, unpublished manuscript, 2013

Dix, W. C. and M. E. Lofgren, 'Kurumi: possible Aboriginal incipient agriculture', *Records of West Australian Museum*, vol. 3, 1974

Duncan-Kemp, A., *Our Sandhill Country*, Angus and Robertson, Sydney, 1934

Edwards, W. H. (Ed.), *Traditional Aboriginal Society*, Macmillan, South Yarra, 1987

Egan, J., *Australian Geographic*, December 2012, pp. 50-61

Eriksen, R., *Ernest Giles, explorer and traveller, 1835-1897*, Heinemann, Melbourne, 1978

Eyre, E., *Reports of an Expedition to King Georges Sound*, Sullivan's Cove Press, Adelaide, 1983

Favenc, E., *The Secret of the Australian Desert*, Blackie, London, 1896

Field, B. (Ed.), *Geographical Memoirs of NSW*, J. Murray, London, 1825

Fisk, E.K., *The Aboriginal Economy*, Allen & Unwin, Sydney, 1985

Flannery, T., *The Explorers*, Text Publishing, Melbourne, 1998

——, *Here on Earth*, Text Publishing, Melbourne, 2010

Flood, J., *The Moth Hunters*, AIATSIS, Canberra, 1980

——, *Archaeology of the Dreamtime*, Collins, Sydney, 1983

Forbes, S. and L. Liddle, 'Hidden Gardens: Australian Aboriginal People and Country', *The Good Gardener*, Artifice Books on Architecture, London, 2015

Frankel, D., 'An Account of Aboriginal Use of the Yam Daisy', *The Artefact*, vol. 7, nos 1-2, 1982, pp. 43-45

Fullagar, R. and J. Field, *Antiquity*, vol. 71, no. 272, 1997

Gammage, B., 'Australia Under Aboriginal Management', Barry

Andrews Memorial Lecture, ANU, 2002

——, 'Gardens Without Fences', *Australian Humanities Review*, Issue 36, July 2005

——, *Galahs*, unpublished manuscript, 2008

——, 'The History of Gardens and Designed Landscapes', *Australian Historical Studies*, April 2011a, vol. 31

——, *The Biggest Estate on Earth*, Allen & Unwin, Sydney, 2011b

Genoa Town Committee, *Border Tales*, Genoa Town Committee, 2000

Gerritsen, R., *And Their Ghosts May Be Heard*, Fremantle Arts Centre Press, Fremantle, 1994

——, 'Nhanda Villages of the Victoria District of WA', Intellectual Property Publications, Canberra, 2002

——, *Australia and the Origins of Agriculture*, Archaeopress, London, BAR series, 2008

——, *Beyond the Frontier: Explorations in Ethnohistory*, Batavia Online Publishing, Canberra, 2011

Gibbs, M., *An Aboriginal Fish Trap on the Swan Coastal Plain*, Records of W.A. Museum, supp. no. 79

Giles, E., *Australia Twice Traversed*, Gutenberg, 1872–1876

Gill, I., *All That We Say is Ours*, Douglas and Macintyre, Vancouver, 2010

Gillespie, W. R., 'The Northern Territory Intervention and the Mining Industry', unpublished manuscript, 2009a

——, 'Infamy of the Intervention', unpublished manuscript, 2009b

Gilmore, M., 'Fish Traps and Fish Balks', *Sydney Morning Herald*, 8 November 1933

——, *Old Days, Old Ways*, Angus and Robertson, Sydney, 1934

Goad, P. and J. Willis, *The Encyclopedia of Australian Architecture*, Cambridge University Press, Port Melbourne, 2011

Gorecki, P. and M. Grant, 'Grinding Patches from the Croydon Region,

Gulf of Carpentaria', *Archaeology in the North*, North Australia Research Unit, ANU, Canberra, 1994

Gott, B., 'Plant Resources of Mallacoota Area', Series: Rep. 82/31, 1982

——, 'Murnong—Microseris Scapigera: A Study of a Staple Food of Victorian Aborigines', *Australian Aboriginal Studies*, vol. 2, 1983, pp. 2-18

——, 'Murnong: a Victorian staple food', *Archaeology*, ANZAAS, 1986

——, 'Ecology of Root Use by the Aborigines of Southern Australia' *Archaeology in Oceania*, no. 19, 1991

——, 'Cumbungi Typha: A staple Aboriginal Food in Southern Australia', *Australian Aboriginal Studies*, no. 1, 1999

——, 'Fire-Making in Tasmania', *Current Anthropology*, vol. 43, no. 4, 2002

——, 'Aboriginal Fire Management in S. E. Australia: Aims and Frequency', *Journal of Biogeography*, no. 32, 2005

Gott, B. and J. Conran, *Victorian Koorie Plants*, Yangennanock Women's Group, Hamilton, 1991

Gott, B. and N. Zola, *Koorie Plants, Koorie People: Traditional Aboriginal Food, Fibre, and Healing Plants of Victoria*, Koorie Heritage Trust, Melbourne, 1992

Gould, R., *Yiwara*, Scribners, New York, 1969

Goyder, G.W., 'Northern Exploration', Parliamentary Papers, 1857-8SA No. 72/1857, pp.1-4, in Gerritsen, R., *Australia and the Origins of Agriculture*, Archaeopress, London, BAR series, 2008

Graham, C., 'Telling Whites What They Want to Hear', *Overland*, Issue 200, 2010

Gray, S., *The Protectors*, Allen & Unwin, Sydney, 2011

Gregory, A.C., *Journals of Australian Explorations*, James Beal, Gov. Printer, Brisbane (facsimile ed.), 1884

——, 'Memorandum on the Aborigines of Australia', *Journal of*

Anthropology of Great Britain and Ireland, vol. XV and XVI, 1887

Grey, G., from Outbackvoices.com, 2009

Grigg, G., P. Hale, and D. Lunney, 'Kangaroo Harvesting in the Context of Ecologically Sustainable Development and Biodiversity Conservation', *Conservation Biology*, University of Queensland Press, 1995

The Guardian, 5 September 2016

Hagan, S., *The N Word*, Magabala Books, Broome, 2005

Hallam, S., *Fire and Hearth: A Study of Aboriginal Usage*, AIAS, Canberra, 1995

Harney, B., *North of 23°*, Australasian Publishing Company, NSW, 1946

Hart, C.W.M. and A.R. Pilling, *The Tiwi of Northern Australia*, Holt Rinehart and Winston, New York, 1979

Hawley, J., 'Art Masters', *Good Weekend*, 4 September 2010

Heaney, S. (trans.), *Beowulf*, Faber, London, 1999

Henderson, B. et al., 'More Than Words', *Language, Documentation and Conservation* vol. 8, 2014

Henry, R., et al., *Australian Orysa: Utility and Conservation*, Springer Science, 2009

Henson, C.F., *Telling Absence: Aboriginal Social History and the National Museum of Australia*, ANU, 2009

Hercus, L.A., F. Hodges and J.H. Simpson, *The Land is a Map*, ANU, Canberra, 2002

Hiddins, L., *Bush Tucker Man*, ABC Books, Melbourne, 2001

Hill, B., *Broken Song*, Knopf, Sydney, 2002

Hinkson and Beckett (Eds), *An Appreciation of Difference*, WEH Stanner and Aboriginal Studies Press, Canberra, 2008

Hoare, M., *The Half Mad Bureaucrat*, Records of Australian Academy of Science, Canberra, 1973

Hoffman, P.T., *Why Did Europe Conquer the World*, Princeton University Press, 2015

Hope, J. and G. Vines, *Brewarrina Aboriginal Fisheries Conservation Plan*, Brewarrina Aboriginal Cultural Museum, 1994

Howe, K. R. (Ed.), *Mallacoota Reflections*, Mallacoota and District Historical Society, 1990

Howitt, A.W., *Land, Labour and Gold*, vols. 1 and 2, Sydney University Press, 1855

———, 'On Songs and Songmakers of Some Australian Tribes', *Journal of Anthropology of Great Britain and Ireland*, vol. XV, 1886

Hunter, J., *An Historical Journal of the Transactions at Port Jackson and Norfolk Island*, Stockdale, London, 1792

———, *An Historical Account of the Transactions at Port Jackson and Norfolk Island*, Libraries Board of South Australia, 1968

Hutchings, R. and M. La Salle, 'Teaching Anti-colonial Archaeology', *Archaeologies*, vol. 10, no. 1, 2014

Hynes, R.A. and A.K. Chase, 'Plants, Sites and Domiculture: Aboriginal influence upon plant communities in Cape York Peninsula', *Oceania*, vol. 17, 1982

Israeli, R., *Poison: Modern Manifestations of a Blood Libel*, Lexington Books, New York, 2009

Johnston, A., and M. Rolls, *Reading Robinson*, Quintus, Hobart, 2008

Jones, B. T., 'Embracing the Enemy', *Australian Geographic*, no. 116, 2013

Keen, I., *Aboriginal Economy and Society*, OUP, Melbourne, 2004

———, 'The Brief Reach of History', *Oceania*, vol. 76, no. 2, 2006

———, *Variation in Indigenous Economy and Society at the Threshold of Colonisation*, AIATSIS, Canberra, 2008

Kenyon, A. S., 'Stone Structures of the Australian Aborigines', *The Victorian Naturalist*, no. 47, Kerrup Jmara Elders and AAV, Lake Condah: Heritage Management Plan & Strategy, 1993

Kershaw, A.P., 'A Quartenary History of N.E. Queensland from Pollen

Analysis', *Quartenary Australasia*, vol. 12, no. 2, 1994

Kimber, R. G., *Resource Use and Management in Central Australia*, Australian Aboriginal Studies, Canberra, 1984

——, 'Beginnings of Farming', *Mankind*, vol. 10, no. 3, June 1976

Kirby, J., *Old Times in the Bush of Australia: Trials and Experiences of Early Bush Life in Victoria: During the Forties*, G Robertson and Company, Victoria, 1897

Koch, H. and L. Hercus (Eds), *Aboriginal Placenames*, ANU E Press, Canberra, 2008

Kohen, J., 'The Impact of Fire: An Historical Perspective', paper presented at SGAP Biennial Seminar, 1993

—— (Ed.), *Aboriginal Environment Impacts*, UNSW Press, Sydney, 1995

Kondo, T., M. D. Crisp, C. Linde, D. M. J. S. Bowman et al., 'Not An Ancient Relic: The Endemic *Livistona* Palms of Arid Central Australia Could Have Been Introduced by Humans', *Proceedings of the Royal Society*, 7 July 2012, vol. 279, no. 1738, pp. 2652-2661

Koori Mail, 18 May 2016

Latz, P.K., *Bushfires and Bushtucker*, IAD Press, Alice Springs, 1995

——, *Pocket Bushtucker*, IAD Press, Alice Springs, 1999

Laurie, V., *The Monthly*, Melbourne, June 2011

Lawlor, R., *Voices of the First Day*, Inner Traditions, New York, 1991

Le Griffon, H., *Campfires at the Cross*, Australian Scholarly Publishing, Melbourne, 2006

Lindsay, D., *Explorations in the Northern Territory of South Australia*, Royal Geographical Society of Australasia (South Australia), 1890

Lingard, J., *A Narrative of a Journey to and from NSW*, J. Taylor and co, Chapel-en-le-Frith, 1846

Long, A., *Aboriginal Scarred Trees in New South Wales: A Field Manual*, Department of Environment and Conservation NSW, 2005

Lourandos, H. and A. Ross, 'The Great Intensification Debate: Its History and Place in Australian Archaeology', *Archaeology*, no. 39, 1994

——, *Continent of Hunter Gatherers*, Cambridge University Press, Cambridge, 1997

Lowe, P. and J. Pike, *You Call it Desert — We Used to Live There*, Magabala Books, Broome, 1980

Macinnis, P., *Australia: Pioneers, Heroes, and Fools*, Pier Nine, Murdoch Books, Sydney, 2007

Maggiore, P.M.A., 'Utilisation of Some Australian Seeds in Edible Food Products' in *The Food Potential of Seeds from Australian Native Plants* (proceedings of a colloquium held at Deakin University on 7 March 1984), G. P. Jones (Ed.), Deakin University Press, Melbourne, 1985 pp. 59-74

Mallacoota Historical Society, *Mallacoota Reflections*, Mallacoota Historical Society, 1990

Manton, B., 'A National Disaster We Choose to Ignore', Drum, ABC, 2011

Maslen, G., 'Cutting Edge', *The Age*, 10 February 2010

Mate Mate, R., *Barndana*, unpublished manuscript

——, *A Brief Insight into the Wurunjeri Tribe: The Uncompleted Chapter*, unpublished manuscript, Attorney-General's Department, 1989a

——, 'A Tribute to Winnie Narrandjerri Quagliotti', Wurundjeri Tribal Land and Cultural Heritage Council Inc, 1989b

Mathews, R. H., 'Aboriginal Fisheries at Brewarrina', *Journal of the Royal Society of NSW*, 1903

McCarthy, F., 'The Grooved Conical Stones of New South Wales', *Mankind*, vol. 2, no. 6, 1939

McConvell, P., *A Short Ride in a Time Machine*, MUP, Melbourne,

2004

McConvell, P. and N. Evans, (Eds), *Archaeology and Linguistics*, OUP, Melbourne, 1997

McConvell, P. and M. Laughren, 'Millers, Mullers and Seed Grinding', in H. Anderson (Ed.), *Language Contacts in Prehistory: Studies in Stratigraphy*, John Benjamins Publishing Company, Amsterdam, 2003

McKinlay, J., *McKinlay's Journal of Exploration in the Interior of Australia*: (*Burke Relief Expedition*), F.F. Bailliere, Melbourne, 1862

McMillan, A., *An Intruder's Guide to Arnhem Land*, Duffy and Snellgrove, Sydney, 2001

McNiven, I. and L. Russell, *Appropriated Pasts*, Altamira Press, Oxford, 2005

Memmott, P., *Gunyah, Goondie and Wurley: the Aboriginal Architecture of Australia*, UQP, Brisbane, 2007

Menzies, G., *1421: The Year China Discovered the World*, Bantam, Transworld, London, 2002

Mitchell, T.L., *Three Expeditions into the Interior of Eastern Australia*, vols. 1 and 2, T and W Boone, London, 1839

——, *Journal of an Expedition into the Interior of Tropical Australia*, Greenwood Press, New York, 1969

Mollison, B., 'A Synopsis of Data on Tasmanian Aboriginal People', unpublished paper, Psychology Department, University of Tasmania, Hobart, 1974

Morcom, L. and M. Westbrooke, 'The Pre-Settlement Vegetation of the Western and Central Wimmera Plains', *Australian Geographical Studies*, November 1998

Morgan, P., *Foothill Farmers*, Ngarak Press, Ensay, Victoria, 2010

Morieson, J., 'Aboriginal Stone Arrangement in Victoria', unpublished paper, Australian Centre, University of Melbourne, 1994

——, 'Rock Art and Indigenous Astronomies', unpublished paper, 3rd

AURA Conference, Alice Springs, 2000

——, *Solar Based Lithic Design*, World Archaeological Congress, Washington, 2003

——, *Munungabumbum of the Dja Dja Wurrung: The Mentor of Mindi*, unpublished manuscript, 2010

Muir, C., *Writing the Toad*, unpublished manuscript, 2011

Mulvaney, K., *Burrup and Beyond*, Ken Mulvaney, Perth, 2013

Mulvaney, K. et al. (Eds), *My Dear Spencer*, Hyland House, Melbourne, 2000

Museum Victoria, *Bunjilaka*, Museum Victoria, 2000

Nakata, N., *The Cultural Interface*, PhD thesis, James Cook University, 2007

Niewojt, L., 'Gadabanud Society in the Otway Ranges', *Aboriginal History*, no. 33, 2009

Norris, R. and C. Norris, *Emu Dreaming*, Emu Dreaming, Sydney, 2009

O'Connell J., P. Latz, and P. Barnett 'Traditional and Modern Plant Use Among the Alyawara of Central Australia', *Economic Botany*, no. 37, 1983, pp. 80-109

O'Connor, N. and K. Jones, *A Journey Through Time*, self-published family history, 2003

O'Mara, P. (Ed.), *Medical Journal of Australia*, vol. 192, no. 10, Australian Medical Publishing, Sydney, May 2010

Organ, M.K. and C. Speechley, *Illawarra Aborigines — An Introductory History*, University of Wollongong, 1997

Pascoe, B., *Convincing Ground*, Aboriginal Studies Press, Canberra, 2007

Peisley, A., *Our Outback Larder*, unpublished manuscript, 2010a

——, *The Re-Discovery of Gippsland Explorers*, unpublished manuscript, 2010b

——, *A-Z Plants*, unpublished manuscripts, 2011

——, various unpublished research documents (Pascoe collection)

Pepper, P. and T. DeAraugo, 'The Kurnai of Gippsland', *Hyland*, vol. 1, 1985

Phillips, G., 'Life Was Not a Walkabout for Victoria's Aborigines', *The Age*, 13 March 2003

Platts, L., *Bygone Days of Cathcart*, Platts, Cathcart, 1989

Pope, A., *One Law for All?*, unpublished manuscript, 2010

Poulson, B., *Recherche Bay*, Southport Community Centre, 2004

Read, P. (Ed.), *Indigenous Biography and Autobiography*, ANU E Press and Aboriginal History Incorporated, Aboriginal History Monograph 17, 2008

Reynolds, H., *An Indelible Stain?: The Question of Genocide in Australia's History*, Viking, Ringwood, 2001

Rhea, R., 'Knowing Country, Knowing Food', *Artefact*, vol. 35, 2012

Rifkin, J., *Beyond Beef: The Rise and Fall of the Cattle Culture*, Penguin, New York, 1991

Robinson, G.A., *The Journals of George Augustus Robinson*, vol. 2, 31 October 1841, Heritage Matters, Melbourne, 1998

Rolls, E., *A Million Wild Acres*, Nelson, Melbourne, 1981

——, 'A Song of Water', *Island*, no. 102, Spring 2005

——, *Epic Rolls*, unpublished manuscript, 2009

—— (ed.), *An Anthology of Australian Fishing*, McPhee-Gribble, Ringwood, 1991

Rose, F., *The Traditional Mode of Production of the Australian Aborigines*, Angus and Robertson, Sydney, 1987

Rose, N. (ed.), *Fair Food*, UQP, Brisbane, 2015

Ross, P., Ngarrindjeri *Fish Traps of the Lower Murray Lakes and Northern Coorong Estuary*, PhD thesis, Flinders University, Adelaide, 2009

Roth, H.L., 'On the Origins of Agriculture', *Journal of Anthropology of Great Britain and Ireland*, vol. XV, 1886

Russell, L. and I. McNiven, 'Monument Colonialism', *Journal of Material Culture*, vol. 3, no. 3, 1998

Russell-Smith, J. et al, 'Aboriginal Resource Utilization and Fire Management in Western Arnhem Land, Monsoonal Northern Australia, Notes for Prehistory, Lessons for the Future', *Human Ecology*, vol. 25, no. 2, 1997

Sacks, O., *The Island of the Colourblind and Cycad Island*, Vintage Books, Random House, New York, 1998

Samson, B., 'The Brief Reach of History and the Limitation of Recall', *Oceania*, no. 76, 2006

Scofield, C., *Bombala: Hub of Southern Monaro*, Shire of Bombala, 1990

Scott, G. F., *The Last Lemurian*, James Bowden, London, 1898

Sefton, C., 'Molluscs and Fish in the Rock Art of the Coast, Estuary and Hinterland of the Woronora Plateau of NSW', *Rock Art Research*, vol. 1, no. 2, 2011

Smith, B., '35,000 Year Old Axe Head', *The Age*, 12 November 2010

Smith, J. and P. Jennings, 'The Petroglyphs of Gundungurra Country', *Rock Art Research*, vol. 28, no. 2, 2011

Smith, L.T., *Decolonising Methodologies*, Zed Books, London, 2012

Smyth, D., 'Saltwater Country: Aboriginal and Torres Strait Islander Interest in Ocean Policy Development', Socio-cultural Policy Paper 36, Commonwealth of Australia, 1997

Smyth, R.B., *The Aborigines of Victoria and the Riverina*, John Ferres, Gvt. Printer, Melbourne, 1878

Snyder, T., *Bloodlands: Europe between Hitler and Stalin*, Vintage, London, 2011

Spencer, B. and F. Gillen, *The Native Tribes of Central Australia*, Dove, New York, 1899

Stanner, W.E.H., *After the Dreaming: Black and White Australians — An Anthropologist's View*, Australian Broadcasting Commission, Boyer lectures, Sydney, 1968

———, *White Man Got No Dreaming: Essays, 1938 - 1973*, ANU, Research School of Social Sciences, 1979

State Library of NSW, *Marinawi: Aboriginal Odysseys*, State Library of NSW, 2010

Stuart, J.M., *Explorations in Australia: the journals of John McDouall Stuart*, Saunders and Otley, 1864

Sturt, C., *Two Expeditions into the Interior of Southern Australia*, vols. I and II, Smith, Elder, London, 1833

———, *Narrative of an Expedition into Central Australia*, T & W Boone, 1849

Sullivan, M., S. Brockwell, and A. Webb, *Archaeology in the North*, proceedings of the 1993 Australian Archaeological Association Conference, 1994

Sullivan, P., 'Desert Knowledge', working paper no. 4, Indigenous Governance, Desert Knowledge CRC, 2007

Tatz, C., 'Genocide in Australia', *AIATSIS Research Discussion Papers*, no. 8, 2000

Thomas, W., unpublished transcription of his papers by the Victorian Aboriginal Corporation of Languages, 2013

Thomson, D., *Donald Thomson in Arnhem Land*, Miegunyah Press, Melbourne, 2003

Tindale, N., 'Adaptive Significance of Panara or Grass Seed Culture of Australia' in Wright, B., *Hunting and Gathering and Fishing*, AIATSIS, Canberra, 1978

Todd, A., *The Todd Journal 1835* (and publisher's notes), Library Council of Victoria, 1989

Tonkin, D. and C. Landon, *Jackson's Track*, Penguin, Melbourne, 1999

University of Western Australia, 'Recording a Visual History', *Uniview*, vol. 30, no. 1, 2011

Tales of Far South Coast, *Tales of Far South Coast Journal*, vols. 1-4, Merimbula, 1982

Turnbull, D., *To Talk of Many Things*, IT University, Copenhagen, September 2015

Weatherhead, A., *Leaves from My Life*, Eden Museum, (facs.) 1998

Wakefield, N., 'Bushfire Frequency and Vegetational Change in SE Australian Forests', *Victorian Naturalist*, no. 87, 1970

Walsh, N., 'A Name for Murnong', *Royal Botanic Gardens*, no. 34, 2016, pp. 63-67

Walters, I., 'Some Observations on the Material Culture of Aboriginal Fishing in the Moreton Bay Area: implications for archaeology', *Queensland Archaeological Research*, vol. 2, University of Queensland, Brisbane, 1985

Wesson, S., *Gippsland Women's Oral History*, Gippsland and East Gippsland Aboriginal Co-op, 1997a

——, *Transcripts and Extracts Taken from Records for NE Victoria and Southern NSW*, unpublished manuscript, 1997b

——, 'An Historical Atlas of the Aborigines of Eastern Victoria and Southeastern NSW', *Monash Publications in Geography and Environmental Science*, no. 53, 2000

——, 'The Aborigines of Eastern Victoria and Far Southeastern New South Wales, 1830 to 1910: an historical geography', unpublished thesis, Monash University, Faculty of Arts, School of Geography and Environmental Science, 2003

Westminster Select Committee of Legislative Council, 'The Aborigines', Victorian Senate papers office, 3 February 1859

White, J.P., 'Agriculture: Was Australia a Bystander?', presented at The Fifth World Archaeological Congress Washington DC, 2003

White, P., 'Revisiting the Neolithic Problem in Australia', in Bird and Webb, *Fire, Hearth: forty years on*, Records of Western Australian

Museum, supp. 79

Williams, E., 'Documentation and Investigation of an Aboriginal Village in South Western Victoria', *Aboriginal History*, vol. 8, 1984

——, 'Complex Hunter Gatherers', *Antiquity*, vol. 61, 1987

——, *The Archaeology of Lake Systems in the Middle Cooper Basin*, records of the South Australian Museum, 1998

Williams, J., *Clam Gardens: Aboriginal Mariculture on Canada's West Coast (Transmontanus)*, New Star Books, Vancouver, 2006

Willingham, R., 'Native Title Law Attacked', *The Age*, 16 September 2010

Woolmington, J., *Aborigines in Colonial Society*, Cassell Australia, North Melbourne, 1973

Wright, B., 'The Fish Traps of Brewarrina', Aboriginal Health Conference, NSW, September 1983

Wurm, P., L. Campbell, G. D. Batten, and S. M. Bellairs, 'Australian Native Rice: A New Sustainable Wild Food Enterprise', Research Institute for the Environment and Livelihoods, Rural Industries Research and Development Corporation, Research Project No. PRJ000347/Publication No. 10/175, 2012

Young, M. (compiler), *The Aboriginal People of the Monaro*, second edition, Department of Environment and Conservation (NSW), 2005

注 释

引言

1　Barta，2005，p. 124
2　Smith，L.T.，pp. 20-24
3　Kirby，pp. 31-32
4　ibid.，pp. 35-36
5　ibid.，p. 36
6　Beveridge，1889/2008，pp. 54，103-106
7　Kirby，p. 79
8　ibid.
9　ibid.，p. 109
10　Rolls，1981，p. 84

第 1 章：农业

1　Gerritsen，2008，pp. 39-41，62
2　Gammage，2011，p. 281
3　Mitchell，1848/1969，p. 90
4　Mitchell，1839，vol. 1，pp. 237-238
5　Mitchell，1839，vol. 2，p. 194
6　Andrews，p. 146

7　Grey, pp. 6-7
8　Gerritsen, 2008, p. 33
9　Robinson, p. 326
10　Mitchell, 1839, in Gott, 2005, p. 1204
11　Hunter, 1793/1968
12　Arkley, p. 317
13　Batey quoted in Frankel, p. 44
14　Gott, 1982, p. 65
15　Frankel, pp. 43-44
16　Le Griffon, p. 51
17　ibid.
18　Gott, 2005, p. 1205
19　Gammage, 2011, p. 190
20　Mitchell, 1839, vol. 1, p. 90
21　Mitchell, 1848/1969, p. 274
22　Mitchell, 1839, vol. 1, p. 14
23　Rolls, 1981, p. 37
24　Howitt, 1855, p. 309
25　Kimber, 1984, p. 16
26　Gerritsen, 2008, p. 60
27　Rolls, 2009, ch. 7, p. 7
28　ibid.
29　Duncan-Kemp, pp. 146-147
30　Robinson, 1841/1998, vols. 1-4, p. 207
31　ibid.
32　Mitchell, 1839, p. 238
33　Sturt, 1849, p. 69
34　ibid., p. 71
35　Brock, p. 133
36　Sturt, 1849, p. 155

37 Mitchell, 1839, vol. 2, p. 65
38 Morcom and Westbrooke, p. 286
39 Kimber, 1984, p. 15
40 McKinlay, 1861, p. 50, in Gerritsen, 2008, p. 50
41 Gerritsen, 2008, p. 43
42 Etheridge, 1894, p. 110, in Gerritsen, 2008, p. 110
43 Gerritsen, 2008, pp. 42, 78
44 ibid., p. 83
45 ibid., p. 84
46 Gammage, 2008, p. 14
47 Chivers, 2012
48 ibid., p. 2
49 ibid., pp. 2, 4
50 Wurm et al., 2012, p. 1
51 Kimber, 1984, p. 19
52 Rolls, 2005, p. 15
53 Gorecki and Grant, pp. 235-236
54 Sullivan, Brockwell, and Webb, pp. 235-236
55 ibid., p. 16
56 Gerritsen, 2011, p. 25
57 Rolls, 2005, p. 15
58 ibid.
59 Sturt, 1849, p. 90
60 John Morieson, personal conversation and demonstration with the author, 2009
61 Dix and Lofgren, pp. 73-77
62 Barber and Jackson, pp. 18-50
63 Mitchell, 1839, vol. 2, p. 153
64 Gammage, 2011, p. 132
65 Archer, p. 20

66　Gerritsen, 2008, p. 50
67　Latz, 1999, p. 17
68　Ashwin, 1870-1871, in Gammage, 2008, p. 5
69　Harney, p. 45
70　Gerritsen, 2008, p. 45
71　Denham et al., p. 637
72　Kirby, p. 28
73　ibid., p. 34
74　Mitchell, 1839, vol. 2, p. 61
75　Kirby, p. 28
76　Mitchell, 1839, vol. 2, p. 134
77　Courtenie and Kurwie, p. 1, in Beveridge, 1911
78　Beveridge, 'The Story of Coorongendoo Muckie of Balaarook', 1911, p. 3
79　Gerritsen, 2008, p. 60
80　Denham et al., p. 643
81　Tindale, pp. 345-349
82　ibid., p. 141
83　Koori Mail, 18 May 2016, p. 4
84　Davis, W., pp. 8-9
85　Cooper, D.
86　Kershaw, pp. 1-11
87　Ross, p. 29
88　Lourandos, 1997, p. 335
89　Lourandos, 1994, p. 60
90　Grigg, ch. 26
91　ibid.
92　Latz, 1995, pp. 54-55

第2章：水产养殖

1　Beveridge, 1889/2008, p. 89

2　ibid.
3　Gibbs, p. 6
4　Wright, p. 3
5　Cruse and Norman, p. 17
6　Walters, p. 51
7　Stuart, p. 68
8　Mathews, pp. 146-156, and Dargin, p. 38
9　Wikipedia, 2013 and NSW Heritage Council, 15 April 2010
10　Hope and Vines, p. 67
11　Phillips
12　Batman
13　Morieson, 1994, p. 34
14　Thomas
15　Wesson, 2000, pp. 91-92
16　Gerritsen, 2008, p. 111
17　Williams, J., p. 18
18　ibid., p. 20
19　ibid., p. 118
20　ibid.
21　Dawson, p. 19
22　Sturt, 1849, p. 111
23　Mitchell, 1839, vol. 1, p. 336
24　Gilmore, 1933
25　Davis, J., p. 90
26　Memmott, p. 68
27　Melbourne Museum, 2009
28　Cruse et al., p. 8
29　Beveridge, 1889/2008, p. 95
30　Smyth, D., p. 6

第 3 章: 人口与住房

1 Sturt, 1849, p. 111
2 ibid.
3 ibid., p. 58
4 ibid., p. 108
5 ibid., p. 124
6 Gerritsen, 2011, p. 25
7 ibid., p. 29
8 Organ and Speechley, p. 6
9 Duncan-Kemp, 1934
10 Willingham
11 Mitchell, 1848/1969, p. 90
12 Sturt, 1833, vol. 1, p. 298; vol. 2, p. 140
13 Memmott, p. 223
14 ibid., p. 22
15 Gammage, 2011, p. 229
16 ibid.
17 ibid., p. 231
18 Mitchell, 1839, vol. 1, pp. 76-77
19 ibid., p. 240
20 ibid., vol. 2, p. 247
21 ibid., p. 351
22 ibid., vol. 1, pp. 156-158
23 ibid., p. 160
24 ibid., p. 90
25 Barta, 2008a, p. 520
26 Mitchell, 1839, vol. 2, pp. 96-97
27 Andrews, 1986, p. 77
28 Gerritsen, 2008, p. 164
29 Mitchell, vol. 2, p. 271

30 Pope, p. 12
31 Lindsay, p. 4
32 Goyder, p. 4
33 Stuart, pp. 42, 71
34 McMillan, p. 46
35 Howe, p. 10
36 Mitchell, 1839, vol. 1, p. 225
37 Gerritsen, 2008, p. 50
38 Williams, E., 1984, p. 174
39 Memmott, p. 166
40 ibid., pp. 170-178
41 ibid., p. 136
42 ibid., p. 74
43 Field, p. 54
44 Le Griffon, p. 291
45 *The Guardian*, 15 September 2016
46 Peisley, unpublished research documents (Pascoe collection)
47 Dawson, p. 10
48 Kenyon, pp. 71-75
49 McNiven and Russell, p. 113
50 Memmott, p. 185
51 Johnston and Rolls, p. 137
52 Mollison, pp. 7.2-7.3
53 Thomson, p. 217
54 Memmott, p. 223
55 ibid., p. 237
56 Peisley, unpublished research documents (Pascoe collection)
57 Mitchell, 1839, vol. 1, p. 321

第 4 章：储存和贮藏

1. Gerritsen, 2008, p. 55
2. ibid., p. 56
3. Ashwin, 1932, p. 64, in Gerritsen, 2008, p. 57
4. Howitt in Smyth, R.B., vol. 2, pp. 302–303
5. Gerritsen, 2008, pp. 56–57
6. Crawford, p. 8
7. Young, p. 246
8. Flood, 1980, p. 74
9. Peisley papers; Pascoe collection; Flood, 1980, p. 81
10. Gerritsen, 2008, p. 82
11. Gerritsen, 2011, p. 58
12. Gerritsen, 2008, pp. 56, 79
13. ibid., p. 81
14. Hutchings and La Salle, pp. 34–35
15. Egan, pp. 50–61
16. ibid.

第 5 章：治火之道

1. Mitchell, 1848, in Gott, 2005, p. 204
2. Gammage, 2011, p. 338
3. ibid., p. 242
4. Wakefield, p. 138
5. Kohen, 1993, p. 4
6. ibid., p. 5
7. O'Connor and Jones, p. 17
8. Gerritsen, 2008, p. 62
9. Niewojt, p. 3
10. Tonkin and Landon, p. 208
11. Gott, 2005, p. 1205

12　ibid., p. 1203
13　Gammage, 2011, p. 166
14　ibid., p. 185
15　Flannery, 2010, p. 100
16　ibid.
17　Gammage, 2002, p. 9
18　ibid., p. 18

第 6 章：天堂、语言和法律
1　Edwards, p. 203
2　ibid., p. 215
3　Young, p. 309
4　ibid.
5　Macinnis, p. 41
6　Bird-Rose in Edwards, p. 264
7　Stanner quoted by Bird-Rose in Edwards, p. 266
8　Stanner, 1979, p. 25
9　ibid., p. 214
10　Gammage, 2011, p. 321
11　Keen, 2004, p. 244
12　Le Griffon, p. 98
13　ibid., p. 187
14　McConvell and Evans, 1997, p. 46
15　ibid., p. 47
16　ibid., p. 417
17　Gammage, 2011, p. 150
18　Flood, 1983, p. 15
19　Archer, pp. 12-52
20　Barta, 2008a, p. 534
21　Stanner, 1979, p. 30

22 Stanner quoted in Edwards, pp. 225-236
23 Sturt, 1849, vol. 1, p. 124
24 ibid., p. 141
25 ibid., p. 113
26 ibid., p. 155
27 Mitchell, 1839, vol. 1, pp. 10-11
28 ibid., p. 11
29 ibid., p. 83
30 ibid., vol. 2, p. 159
31 Cruse et al., p. 17
32 Blay, 2005, p. 22

第 7 章：澳洲的农业变革
1 Davies, Waugh, and Lefroy, 2005b, pp. 13-15
2 Peisley, 2011, *Microseris Lanceolata* pamphlet, p. 3

第 8 章：接受历史，创造未来
1 Menzies, pp. 232, 405-406
2 Menzies, p. 232
3 McNiven and Russell, p. 113
4 Snyder, p. 396
5 Peisley, 2010b, pp. 27-39
6 Bellanta, p. 7
7 Flannery, 2010, p. 34

索引

说明：人名、主题词后面的页码为本书英文版页码，即边码；粗体表示在插图或插图说明中。

Aboriginal and Torres Strait Islander cultures 原住民与托雷斯海峡岛民的文化
  advanced nature of，～先进的本质，11，98，123
  ancestors，祖先，42，57-58；and art，～与艺术，159；and law，～与律法，185，187；and mythology，～与神话，196；stories，故事，42，57-58
  art，carvings，艺术、雕刻品，46，137，153，156，158-159，160；and caves，～与洞穴，123；dating of，～的年代确定，158；rock art，岩画，52；sculptures，雕塑，203；and violence，～与暴力，184
  and agriculture/economy，～与农业/经济，30，150，178，205；aquaculture，水产养殖，71，96；and ceremony，～与仪式，30，40，192；fire，火 167，174；gatherings and cultural knowledge，收获和栽培知识，150，192，193，197-198，207；spiritual connection with animal world，与动物世界的精神联系，206-207；stories，故事，71，73，205-206，207
  boundaries：and co-operation，边界：～与合作，184，187

cemeteries, ceremonial grounds, gardens, 墓地、举办仪式场地、花园, **137**, 138, **139**, 140, **141**, **143**

ceremonies, rituals, 仪式、宗教仪式, 11, 42, 116, 141, 192; and anthropology, ～与人类学, 174; ceremonial objects, structures, 仪式用品、建筑物, 154, 220; corroborees, 夜间祭祀, 116, 126; initiation and sites, 成年仪式及地点, 157-158, 186, 187

clothing, 服装, 124-125, 229; hats, shoes, skirts, 帽子、鞋、短裙, 124; possum-skin cloaks, 兽皮斗篷, 123, **124**, (contemporary revival), (近代仿制品), 123, *124*; widow's (gypsum) caps, (石膏)丧帽, 152, **153**

creation: creator spirits, 创世：造物主精灵, 73

Dreaming, the, 梦幻时代, 178, 184

durability, stability of, ～的持久性、稳定性, 189, 195; change, development over time, 随着时间的变化、发展, 63, 192-193, 196, 226; European understanding of, 欧洲人的对～的理解, 178-179, 181; Aboriginal people and the nation, 原住民和他们的国家, 180; ignorance, 无知, 176, 200-201, 202

evidence lost, 丢失的证据, 12

exchange, centres, routes of, ～的交流、中心、路线, 184; absence of imperial warfare, 没有帝国主义战争, 184-185; and trade, ～与贸易, 29-30, 184, (sharing resources), (共享资源), 197-198, 207

exhibition, 展示, 153-154

government, 治理, 182, 183; and ancestral law, ～与祖先的法则, 185, 187; decision-making, 决策, 186; durability of system, 体系的持续和稳定, 187; and Elders, ～与长老, 186-187; and stability, peace, ～与稳定、和平, 187, 193, 197, 201

languages, 语言, 193; age of, ～的年代, 190; and development, spread (debate over), ～与发展、传播（有争论）, 178, 190, 191-193, 196, 209; and linguists, ～与语言学, 177-178, 189, 190-191; non-Pama Nyungan languages, 非帕玛-恩永甘语系, 192;

Pama Nyungan languages, 帕玛-恩永甘语系, 191, 192

law: land held in common, 律法: 土地共有, 199-200, 210; and peace, ～与和平, 185, 188, 189-190; and relationship between people and land, ～以及人与土地的关系, 209; system of, ～的系统, 185, 200; and violence, ～与暴力 185-186, (as punishment), (作为惩罚), 186; stories of, ～的故事, 208

philosophy, 哲学, 178; and obligation to land, ～与对土地的责任, 179-180

religion/beliefs, 宗教/信仰, 133, 137, 178, 200; and actions, ～与行为, 180; and buildings, ～与建筑, 136-137; moiety and totemic system, 应得之份和图腾系统, 8, 206; spirit and the corporeal world, 精神和物质世界, 207; and spiritual health, ～与精神健康, 146

society: and agriculture, 社会: ～与农业, 182; and conservation, ～与保护, 182; and co-operation, ～与合作, 187, 193, 199; and culture, ～与文化, 182, 187-188, 190, 192-193, 195, 196, 200-201; and technology, ～与技术, 192-193; see also government 另见治理

songlines, storylines, 灵歌之径、故事线, 152, 183-184; conveying knowledge, 传播知识, 70 sport, music, 体育、音乐, 141-142

Aboriginal and Torres Strait Islander nations, clans 原住民与托雷斯海峡岛民的民族、部落

Alyawarr, 阿尔亚瓦尔, 119

Arabana, 阿拉巴纳, 29

Arrente, 阿伦特, 136

Barkinji, 巴金吉, 215

Bidwell, 比德维尔, 150

Bidwell-Maap, 比德维尔-迈普, 167

Dhurga, 杜尔加, 26

Dieri, 迭里, 42

Diringunj, 迪里昂, 150

索引 249

Gadabanud，加达巴奴德，93
Gai-Marigal，盖-马利格尔，127
Gundidjmara，圭迪马拉，85，86，128
Jaitmathang，杰马桑，126
Kaiadilt，凯亚德特，89-90
Keerraywoorrong，克雷伍荣，91
Kukatja，库卡，147
Latji Latji，拉吉拉吉，215
Maneroo，马内罗，150
Mutti Mutti，莫迪莫迪，215
Ngarigo，纳利奥，126，150
Ngemba，嫩巴，75，76
Ngunuwal，努努瓦尔，150
Paakantjyi，帕坎吉，88
Pintupi，宾土比，136，147
Thawa，塔瓦，150
Walbanga 瓦尔邦加，150
Walmajarri，瓦尔马贾里，136
Wangakurru，旺加库鲁，152
Wathaurong，华沙荣，18，19
Wati Wati，瓦提瓦提，7-10，42，55-56
Wemba，温巴，9
Wiradjuri，威拉祖利，36，47
Yuin，尤因，21，70，71，94，95，150，187-188，205-206，214
Yuwaaliyaay，尤瓦利耶，36
Aboriginal and Torres Strait Islander people 原住民和托雷斯海峡岛民
and archaeology，～与建筑，41-42，52，60-61，62，128，145，155-156，169，177；and art，～与艺术，158；and language，～与语言，190；and maritime economy，～与海洋经济，83，84，85，86，92，(fish trap systems)，(渔栅系统)，74，78；and tool

workshops，～与工具工坊，52；finds，发现，36，37，38，48，94，98；and fire management，～与火的管理，176

arrival/occupation in Australia，到达/占领澳洲，40-41，60-61，161，182，189，191，196；age of structures，建筑的年代，98，125；and archaeology，～与建筑学，181

civilisation, achievements undervalued，文明，被低估的成就，1-2，76，82-83，84，86，120，125，132，154-155，178-179，181；contemporary attitude to Aboriginal achievement，当代对原住民成就的态度，104，105；and reconciliation efforts，～与和解的努力，156-157，159，160

contemporary communities, Aboriginal people，当代社区，原住民，95-96，141-142，168-169，212-215；and memory，～与记忆，223；and participation, stake in the future，～与参与，关乎未来，228；and pride in the past，～与过去的骄傲，227-228；and respect，～与尊重，157-158

economy of，～的经济，2，81，85，89，91；advanced，先进的～，11；and change in environment，～与环境变化，62；and discussion，～与讨论，183；need for research，研究的需要，40，60，61；sustainability of，～的可持续性，195；and tool kits，～与工具包，60

and fire：history, principles of use，～与火：历史及使用原理，161-162，163，166-167，172，174-175；and land management，～与土地管理，24，40，61，163，171-172，（prevented），（被阻止），164，167；as tool，作为工具，161，165，172

hospitality towards Europeans，对欧洲人的待客之道，99-100

and native title/land rights，～与当地的法案/土地权，80，104，183

permanent structures，永久性建筑，2，10，101，102，142，144；aquaculture systems，水产养殖系统，68，74，77-78，84，85，89；buildings，建筑，134，(large)，（大型的），102-103，127，133，134；destroyed，被毁坏的，12，55，78，79-80，117，118，125，127；geographical spread，地理分布，97，138；stone structures，石头建

筑，125－126，128，(evidence)，(证据)，125，126，128，130，(ovens)，(炉子)，56，133-134，(scale)，(规模)，133，(walls, other)，(墙，其他)，130－132，133，134；villages，村庄，15，16，41，48，56，80，84，101，103，127，(complex)，(复杂的)，106-107，(design features)，(设计特点)，106，107，108，128，(role of)，(～的作用)，97

permanent structures：houses and huts，永久性建筑：房屋和棚屋，15-16，18，48，55，78，83，84，97，98，99，100，101－102，103，109，116-117，118，183，229；caves as，洞穴作为～，123；design，materials，设计、材料，118－119，120－121，122，125，130，133，135－136，146，154，(and religion)，(～与宗教)，136，(and seasons)，(～与季节)，119，(and social interaction)，(与社会互动)，142，(stone)，(石头)，125，126，127，128，129，133，(use of fire)，(火的使用)，84-85，107，109，119，120

response to European presence：acceptance，对欧洲人到来的回应：接受，8；fear，恐惧，222；resignation，顺从，223；suspicion，anger，怀疑、愤怒，8，9

and sedentism，～与定居，38，42，52，78，84，86，87，89，91，106；large populations，大量的人口，105-106

storage of food，食物的储存，2，12，29，57，147，213；caching，暂存，147，154；direct storage，直接储存，147；grains，谷物，54，104，147，148，154；granaries，粮仓，54-55；materials，kinds of vessels，容器的材料、种类，12，30，34，134，146，(and pottery)，(陶器)，145，146-147，153，154，147，154；nardoo，大柄苹，54；nuts，坚果，150；and preservation，～与保存，146，148-149，151，(range of foods)，(食物的种类)，55，149；seeds，种子，34，147；in small huts，储存在小屋内，107，119；stockpiling，囤积，147；and surpluses，～与盈余，32，34，40，42，105，147；treatment，preparation of food，待客，准备食物，149，150，151，(protocols)，(礼节)，151-152；water vessels，储水容器，146

viewed as hunter-gatherers, 被认为是采猎者, 2, 13, 86, 144, 155, 224, 229; and dispossession, ～与剥夺, 183; as dying race, 作为濒临灭绝的种族, 203; and politics, ～与政治, 104

water conservation and science, 水资源的保护与科学, 50

see also agriculture; frontier war/conflict 另见农业；拓殖战争/冲突

Aboriginal and Torres Strait Islander population, 原住民和托雷斯海峡岛民的人口, 11, 35

desert communities, 沙漠社区, 35, 99-101, 103-104, 107-108

and diseases (introduced), ～与（输入性）疾病, 11, 12, 127

fall in, 下降, 11

impact of conflict, 冲突的影响, 11, 12

large populations and crops, villages/towns, 大量的人口以及谷物、村庄/小镇, 105-106, 107, 108-109, 115, 116, 117, 120, 126; animal pens, 饲养动物, 108; thriving, 繁荣, 117

agriculture, Aboriginal 原住民的农业, 13-14, 106

ancestors, 祖先, 57-58, and teaching, ～与教育, 42, 57

contemporary communities, 当代社区, 33; baking, 烘焙, 215; and cultivation, 耕种, 27; grasslands, grains, 草地、谷物, 169, 170, 173, 214-215, (and environment), (～与环境), 169-170, (fire), (火), 170, 173; yam daisy trials, 薯蓣雏菊试种, 212-213, 214

evidence of, ～的证据, 13, 15, 16, 17-18, 25-26, 35, 36, 37, 45-46, 47, 50; lost, 丢失, 12; stories, 故事, 42, 57-58

dams, 堤坝, 35, 42, 50, 118; construction, 建造, 45, 46, 47; and Europeans, ～与欧洲人, 55; water races, 水道, 55

dating of, ～年代的确定, 30, 58, 59, 62-63

and ecology/environment, ～与生态/环境, 172, 173, 195

food and production, 食物及其生产, 15, 54, 147, 149, 178, 224; Bogong moths, 布冈夜蛾, 150-151, 152, 197, 207, (and storms), (～与风暴), 151; crows, 乌鸦, 151; cumbungi rushes (as flour),香蒲草（用作面粉），55-56；emus,鸸鹋，53；fowl,家禽，51,(and eggs),(～与蛋)，57；kangaroos,袋鼠，51-52,53,(and farming of),(耕作)，52-53；kurumi,库鲁米，49；Nodding Greenhood,绿花点头兰，24；nuts,坚果，147,150,197；pandanus,露兜树，119,149；richness of diet,食物富含脂肪，152；sweet potato (murnong),甜薯（木秋），19,20,21,22,64；*see also* plants 另见植物

game and hunting：and grassland production,猎物与狩猎：以及草地出产，173-174；and fire,～与火，174；methods,constructions,方法,建筑，50-52,55,162,(battue system),(捕杀系统),51-52,53,199

grains,谷物，15,29,30,67,117；and baking,～与烘焙，30；and domestication,～与驯化，30,39,43-44,211；grain belt,谷物带，**28**,42；harvesting,收获，28,29,30,35-36,40,42,44,55,86,104,162；and identity,～与个性，29；and milling,～与制粉，59,86；research on,对～的研究，43-44,45；rice,大米，42-45；and seeds,～与种子，29-30,31,32,33,34,40,42,54,67,(and propagation),(～与传播)，49

grasses,禾草，32,33,34,36

impact of introduced animals,入侵动物的影响，34；cattle,牛，12,21,55；horses,马，21；sheep,羊，11,12,21,49,55

irrigation,灌溉，2,29,35,45,46,49,55,58,224,229

land use and management,土地的使用和管理，2,10,11,15,22-3,35,62,105,112,182,183,217,(and purpose),(～与目的)，174-175；and clan relations,～与部落关系，173,184,199,210；and fencing,～与围栏，199；fire,火，24,40,61,162-163,164,166-167,171-172,173,174-175,210；fire-stick farming (cropping),火耕（种植），62,168,173；cultivation,栽培，17,19,20-21,22,24,26,42,53,54,108,112,162,210,229；grasslands,pastures,草地、牧草，24,33,39,108,

112，138，169，171，(grassland production)，(草地出产)，173-174；harvest fields，收割农作物，55；harvesting，收割，24，31‐32，42，54，56，57，197；horticulture，园艺，58；and intensification，～与集约化，162，177，178，181，209；middens，堆肥，41，61；and mobility，～与流动性，14；mounds，土丘，56；planting，种植，2，29，31，56，106，173；terracing，梯田，22‐23，26；yam pastures，薯蓣雏菊地，11，17-18，20，26，29，167

plants：Australian banana，植物：澳洲香蕉，55；bulrush，水蜡烛，56；burrawang，螺旋大泽米，150；bush tomato，灌木番茄，39‐40；clover，苜蓿，33‐34；and cultivation, crops，～与栽培，农作物，53，60；cumbungi rushes (as flour)，香蒲草(作为面粉)，55-56；domestication of food plants，食用植物的驯化，38-40，105，211；loss of，33，34，168；nardoo，大柄苹，34，54，148，149-150；onion grass tubers，鳞茎臭草块茎，54；and research on，对～的研究，40，41；Vanilla Lily，香草百合，168；yams (tubers)，薯蓣(根茎)，11，17，**18**，**19**，20，23，26，**27**，34，64，95，149，162，171，213，(harvests)，(丰收)，42，151-152

soil husbandry，土壤管理 11，23，24-25，56

technology：and dating，技术：～与年代的确定，59，60；intensification，集约化，62‐63，162，177，191，192；pottery，陶器，145，146‐147，153，154；and fire，～与火，57；ovens，炉子，56，133‐134，154；spears，矛，162；tools，工具，169，(digging sticks)，(挖掘棒)，162，(picks)，(石镐)，36，**37**，(stone)，(石头)，30，31，37-38，48，58，152，162

and wells，～与井，2，17，**48**，49，103，135；and animals，～与动物，173；features of，～的特征，108，134，154；systems of，～的体系 49

women and work，妇女与工作，19，21，31，54

see also Aboriginal and Torres Strait Islander people; frontier war/conflict 另见 原住民与托雷斯海峡岛民；拓殖战争/冲突

agriculture, European in Australia, 澳大利亚欧洲人的农业, 5

  contemporary, 当代的～, 53, 138; controlled burns, 有节制的焚烧, 169; and fences, ～与围栏, 182; impact of fertilisers, herbicides, 除草剂和肥料的影响, 210; grain belt, 谷物带, **28**; pasture, 牧场, 33

  colonial, 殖民地时期的～, 14, 21; and controlled burns, ～与有节制的焚烧, 165, 167, (and fences), (～与围栏), 164; deterioration of soil, land, 土壤、土地的退化, 10, 11, 21, 23, 66, 117, 168, 173, 194; droving, 放牧, 102; and environment, ～与环境, 194; and European plants, ～与来自欧洲的植物, 63; ignoring Aboriginal methods of management, 忽视原住民的管理方法, 25, 165, 166, 168; impact of hooved animals, 有蹄动物的影响, 23, 34, 63, (cattle), (牛), 12, 21, 102, 152, (grazing), (放牧), 34, (horses), (马), 21, (sheep), (羊), 11, 12, 21, 125, 152, 168, 194, (and blowflies), (～与绿头苍蝇), 136; and productivity, ～与生产力, 10-11

  recent: reluctance to burn, 近期: 拒绝焚烧, 171

agriculture of the future 未来的农业

  and Aboriginal knowledge, ～与原住民的知识, 229

  farms: and conservation, 农耕: ～与保护, 64, 66, 216, 217; research, trials, 研究、试验; 66, 67, 212-213

  indigenous animals and crops, 土著动物与谷物, 210, 217; Australian grains, 澳洲的谷物, 64, 65, 66, 67, 211; Australian grasses (and seeds), 澳洲的禾草(和种子), 65, 66, 211, **215**; barley, 大麦, 212; bush fruits, plants, 野生水果、植物, 66; emu and kangaroo, 鸸鹋与袋鼠, 53, 63-64, 216; native rices, 本地稻米, 44-45, 65; perennial plants, 多年生植物, 212; sweet potato (murnong), 甜薯(木秔), 64, **214**; wallaby, 小袋鼠, 216; yams, 薯蓣, 64, 211, 212-214

  land management, 土地管理, 175, 182, 182; and fences, ～与围

栏，210；and fire，～与火，182；reduced use of superphosphates, herbicides，减少使用过磷酸钙、除草剂，210；and soil，～与土壤，216 resource use，资源利用，210；sustainable harvests，可持续的收获，216

Alexander, Robert，罗伯特·亚历山大，167

Allen, Harry，哈里·艾伦，132，162

Allen, Tim，蒂姆·艾伦，162

Anderson, Stephanie，斯蒂芬妮·安德森，95

aquaculture, Aboriginal，原住民的水产养殖，10

 abalone，鲍鱼，90，91，216，(cooking)，(烹饪)，92，(shell of)，(～壳)，91-92；and crayfish，～与小龙虾，70，91，(process of capture)，(捕捞的过程)，91；harvest，(捕捞)，90，93；women divers，(妇女潜水者)，91

 aquaculture complexes，水产养殖复杂系统，68，72，83-85，130，184

 comparisons，比较，81

 in contemporary communities，～在当代社区，95；abalone，鲍鱼，93，216；and conservation of fish stocks，～与鱼类资源的保护，216

 dams, weirs，堤坝、围堰，2，6，50，69-70，78，83，89，183；dykes，堤，69

 dating of，～年代的确定，72，73，74-75，77，85，94

 and economic and social organisation，～与经济和社会组织，72，74，75，80-81，104

 evidence of，～的证据，72，75，76，77，78，83，84，87，89，94；dismissed，遭摒弃，88-89

 fishing, fisheries，渔业、渔场，52，68，89，91，93，95，224；automatic fishing machine，自动捕鱼装置，6-7，68；eels，鳗鱼，78；nets，渔网，68，78，94，(elaborate)，(精心制作的～)，69，(specialist)，(特制的～)，70；partnership with dolphins，与海豚的合作，71，207；range of methods，多种多样的方法，71-72，96，162；traps，渔栅，62，68，87，88，89，**90**，94，104，112，129，(systems)，(～系统)，**72**，73-76，**77**，78-81，83-84，87，**88**，89，199，(vast)，(大量

的～），70；whale fishery，捕鲸业，71，206，207，（interaction with killer whales），（与虎鲸的互动），71，206-207

fish varieties：birrngi（bream），鱼的种类：嘣吉（澳洲刺鲷），75；galaxias（tuupuurn），银鱼（吐喷，南乳鱼属），83；pelagic fish，上层鱼类，94；shark，鲨鱼，90；stingray，黄貂鱼，90；whale，鲸鱼，71，205，206-207；whitebait，银鱼，68

harvesting，收获，74，89，93，（and limits），（～与限制），216；and large gatherings，大型集会，74；systems，系统，77，87，91

as intervention in food production，作为食品生产的介入方法，68；breeding fish，饲养鱼，69，74，75；stocks，鱼群，79

preservation and trade，保存和交易，85；bêche de mer，海参，219；with China?，和中国的关系?，219

research needed，需要进一步研究，76-77

and technology, engineering，～与技术、工程，74，76，87，183；eel concourses，鳗鱼汇集，72；reed floats，芦苇浮标，69；weights，重物，69

watercraft，船只，93，96；and access to islands，～与通往岛屿的途径，93，94；canoes，独木舟，89，93，（with outriggers），（有承力外伸支架的～），94；canoe-making，独木舟制作，94，**95**；and fishing fleets，～与捕鱼船队，94；and sails，～与航行，94

and women，～与妇女，88；as abalone divers，担任捕捞鲍鱼潜水员的～，91；as sailors，担任水手的～，93

aquaculture of the future 未来的水产养殖

conserving fish stocks，鱼类资源的保护，83，216

as potential for employment，潜在的就业机会，70

Archer, Michael，迈克尔·阿彻，52-53，64，65，66，193-194，195

Arnhem Land（NT），阿纳姆（北领地），116，119，121-122，123

culture，文化，196；art，艺术，158

controlled burns，有节制的焚烧，167

Maningrida，马宁里达，141-142

Ashwin（explorer/drover），阿什温（探险家/牲畜贩子），34，54-55，148

Atwood，Bain，贝恩·阿特伍德，179

Australia 澳大利亚

 bushfires，森林大火，163，171; and flowering of tuberous plants，多年生块茎植物开花，171

 Chinese in，澳大利亚的中国人，92

 megafauna in，澳大利亚的巨型动物，162

 modern economy of: capitalism，现代经济：资本主义，227; mining，矿业，66

 sources of (pre)history，历史资料/史前史料，2，96，98，104

 see also Aboriginal and Torres Strait Islander people 另见原住民和托雷斯海峡岛民

Australian Alps，澳大利亚山脉，126

 large gatherings，大型聚会，150

Banks，Sir Joseph，约瑟夫·班克斯爵士，55

Barkly Tablelands（NT），巴克利高原（北领地），148

Barragup（WA），巴拉加（西澳大利亚州），69-70

Barta，Tony，托尼·巴尔塔，4，112，198

Basedow，Herbert，赫伯特·巴塞多，126，152

Batey，Isaac，艾萨克·巴蒂，20，21-22，23

Batman，John，约翰·巴特曼，18，77-78

Bellairs，Sean，肖恩·贝拉里斯，44，45

Bellanta，Melissa，梅丽莎·贝兰塔，224

Bellwood，Peter 彼得·贝尔伍德

 First Migrants，《最早的移民》，196

Bendigo area（Vic.），本迪戈地区（维多利亚州），48

Bermagui area（NSW），贝玛圭地区（新南威尔士州），70

Beveridge，Andrew，安德鲁·贝弗里奇，8

Beveridge，Peter，彼得·贝弗里奇，42，55，56，94

dictionary of the Wati Wati language, 瓦提瓦提语词典, 7, 10
misconception of 'natives', 对"本地人"的误解, 5-6, 10; and prejudice, ～和偏见, 7-8
Beveridge family, 贝弗里奇家族, 5
property of, ～的财产, 8, 9, 69
Bird-Rose, Deborah, 德博拉·博德-罗斯, 179-180
Birdsville (Qld), 伯德斯维尔（昆士兰州）, 103
Blandowski, William, 威廉姆斯·布兰多夫斯基, **143**
Blay, John, 约翰·布雷, 162, 168, 207
Boake, Barcroft, 巴克罗夫特·博克, 89
Bogan River, 伯根河, 88
Bourke, Richard, 理查德·博尔克总督, 113
Bowler, Jim, 詹姆斯·博勒教授, 41
Bowman (quoted), 鲍曼（被引用）, 172
Bradshaw, Joseph, 约瑟夫·布拉德肖 158
Brewarrina (NSW), 布雷沃里纳（新南威尔士州）, 11, 52
Aboriginal Museum, 原住民博物馆, 74, 75
aquaculture, 水产养殖, 68; fish trap, 捕鱼陷阱, 渔栅, **72**, 73-76, 104, 184, 200
Britain 不列颠
anti-slavery campaign in, ～的反奴隶制运动, 198
and colonial ambition, ～与殖民的野心, 3-4, 132
Buckley, William, 威廉·巴克利, 77
Builth, Heather, 希瑟·比尔斯, 83, 84, 85, 86, 125, 128, 130
Bundian Way, 本甸之路, 26, 168
Burke, Robert O'Hara, 罗伯特奥哈拉·伯克, 149-150
Burke and Wills expedition, 伯克和威尔斯的探险队, 35, 54, 149
search parties, 搜救队, 54, 89, 148

Cabonne, Big Johnnie, 大约翰尼·卡邦, 221, **222**

Cape Otway (Vic.), 奥特威岬（维多利亚州），93，125

Cape York Peninsular (Qld), 约克角半岛居民（昆士兰州），87，95-96，119，174

Carmody (quoted), 卡莫迪（被引用），80-81

Central Australia 澳大利亚中部

 Aboriginal farming practices, 原住民的农耕方式，29；bush tomato, 灌木番茄，39-40；and deserts, ～与沙漠 35

 storage vessels in, ～的储存容器，152

 village site, 村庄遗址，98

Chaloupka, George, 乔治·查卢普卡，196

Channel Country (Qld), 康乃尔地区（昆士兰州）46

China, 中国 155

 trade, foreign relations in 15th century, 贸易，15 世纪的对外关系，218，219

Chivers, Ian, 伊恩·奇弗斯，42-44，65

civilisation(s) 文明

 classical: and warfare, 传统～：及战争，184

 and culture: and 'progress', ～与文化：以及"进步"，193-194；record of violence, 暴力的记录，189

 modern: and trajectory, 现代～：及轨迹，225-226

 Western, 西方～，181，225

 and Western criteria, ～与西方标准，154-145，195；and archaeology, ～与考古学，155

Clarke, Uncle Banjo, 班卓·克拉克大叔，91

Clarke, Maree, 马雷·克拉克，153

Clarke, Trakka, 特拉卡·克拉克，70

Colac region (Vic.), 科拉克地区（维多利亚州），38，68，83

Conrick, John, 约翰·康瑞克，116

Cooma (NSW), 库玛（新南威尔士州），33

Cooper's Creek (Qld), 库伯斯溪（昆士兰州），54，98-99，103

Couzens, Vicki, 维姬·卡曾斯, 123
Coxen, Charles, 查尔斯·柯克森, 148
Crowley, Terry, 特里·克劳利, 190-191
Cruse, Beryl, 贝丽尔·克鲁斯, 91, 205
Cunningham, Peter, 彼得·坎宁安, 164
Curr, Edward, 爱德华·柯尔, 116, 167, 172

da Gama, Vasco, 瓦斯科·达·伽马, 219
Dampier, William, 威廉·丹皮尔, 132
Dampier Archipelago (WA), 丹皮尔群岛（西澳大利亚州）, 125
Dargin, Peter, 彼得·达金, 15
   book of, ～的书, 75-76
Darling River, 达令河, 68, 70, 75, 88, 109, 112, 115, 117
   changes in, 变化 75, 76
Daroch, Lee, 李·达罗奇 123
Darwin, Charles 查尔斯·达尔文
   theory of evolution, Darwinism, 进化论, 达尔文主义, 3, 4, 178, 225
Davies, C.L., C.L.戴维斯, 212
Davies, Suzanne, 苏珊娜·戴维斯, 186
Davis, John, 约翰·戴维斯, 54, 89
Davis, Wade, 韦德·戴维斯, 60
Dawson, James, 詹姆斯·道森, 51, 78, 114, 128
Denham, T., T·德纳姆, 58
Diamond, Jared, 杰瑞德·戴蒙德, 181
Duncan-Kemp, Alice, 爱丽丝·邓肯坎普, 30-1, 35, 88-9

economy 经济
   and environment, resource management, ～与环境、资源管理, 226, 227
   private enterprise, 私有企业, 226; compared to 'Aboriginalism', 与"土著主义"相比较, 227; need for population growth, 人口增长的需

要，226

Western (European) approach，西方（欧洲）的方法，207-278

Eden Aboriginal Land Council trial planting of yam daisy，伊甸土著土地委员会试种薯蓣雏菊，168-169

Elkin, A.P., A. P. 埃尔金，167

Etheridge, Robert，罗伯特·埃瑟里奇，36

Euroa (Vic.), 尤罗阿（维多利亚州），52

Europe 欧洲

 and classification of eras and peoples，～与纪元和民族分类，13

 foreign policy: and colonisation，对外政策：～与殖民，219

 and history，～与历史，219-20

European settlement in Australia 欧洲人定居澳大利亚

 and acknowledgement of history，～与对历史的承认，227, 228-229

 colonial culture，殖民文化，3-4, 178, 179, 205; cooking，烹饪，92; and land ownership，～与土地所有权，198; painting and the landscape，绘画和景观，175

 colonial views, misconceptions，殖民观、误解，9-10, 11; of Aboriginal and Torres Strait Islander people，对原住民和托雷斯海峡岛民的～，2, 5-6, 7; of Australia as 'empty' land，将澳洲看作"无人居住"之地的～，4, 10, 111, 205; land use, management，土地使用、管理，5-6, 10-11

 denial, amnesia of Aboriginal occupation, achievements，对原住民占有澳洲、所取得成就的否认、无视，10, 11, 20, 27, 32, 36, 104-105, 111-112, 130-1; and deceit，～与欺骗，131, 132-133, 220-221; Lemurian theory，利莫里亚理论，223-224

 early records and Aboriginal people，早期记录和原住民，2, 13, 96, 140; agriculture，农业，15-18, 19, 20, 23, 24, 26, 27-28, 32, 45, 50-51, 54, 55-58, 86, 151; aquaculture，水产养殖，68, 69-70, 74, 78, 82, 86, 88, 94, 206-207; clothing，服饰，125; culture，文化，202; land management，土地管理，

164，204，(and fire)，(～与火)，163；permanent structures，永久性建筑，99，100，101－103，104－105，106－107，115，116－117，118，121，125，128，129

explorers and Aboriginal guides，探险家和原住民向导，179，223

explorers and observations，探险家和他们的观察发现，3，4，13，85，96，140，183；agriculture，农业，14－17，20，25，26，31－3，34，35，45，47－8，50－1，56，112；aquaculture，水产养殖，68，88，89；and canoes，～与独木舟，94；clothing，服装，125；permanent structures，villages，永久性建筑、村庄，99－102，103，104，106－107，108－109，115，116，117，120，125；stores of food，食物的储存，34，54，147，148－149

and the interior，～与腹地，98－99，101－102；deserts，沙漠，35

prejudice，偏见，7－8，36，111，131；and scholarship，～与学术界，36

theft of food from Aboriginal people，从原住民那里偷窃食物，68，74

work with Yuin people on whale fishery，和尤因人合作捕鲸，71，205，206

see also agriculture；frontier war/conflict *另见* 农业；边境战争/冲突

Evans, Nicholas，尼克·埃文斯，190，191，192-193

evolution, theory of，进化论，224-225

see also Darwin *另见* 达尔文

Eyre, Edward，爱德华·艾尔，56

Favenc, Ernest，欧内斯特·法芬克，120，224

The Secret of the Australian Desert，《澳大利亚沙漠的奥秘》，224

Field, Judith，朱迪斯·菲尔德，30

First Footprints (TV series)，《第一个脚印》，123

Flannery, Tim，蒂姆·弗兰纳里，172，173，225

The Future Eaters，《未来的食者》，161-162

Here on Earth，《地球上发生的事》，224

Flood, Josephine，约瑟芬·弗拉德，193

Foley, Dennis, 丹尼斯·福利, 127
Frankel, David, 大卫·弗兰克尔, 22-23
frontier war/conflict, 拓殖战争/冲突, 1, 8-9, 12, 109
  and Aboriginal women, ～与原住民妇女, 8, 9
  and the colonial enterprise (land), ～与殖民企业（土地）, 102, 110-111, 112, 113, 114, 132, 156, 186, 198, 203-204, 220-221, 224; and suppression of references to permanent Aboriginal villages, economy, ～与禁止提及永久性的原住民村落、经济, 113-114, 131
  and education system, ～与教育体系, 1
  impact on Aboriginal society, 对原住民社会的影响, 11, 55; depopulation of districts, 各地的人口减少, 11, 12, 21; destruction, 毁坏, 12, 111, 117, 127; harvests, 收获, 12; loss of resources, 资源减少, 50, 55, 117, 148; massacre, 大屠杀, 223; murders, 谋杀, 12, 110, 112-113, 114, 222, 223, 224
  over land, 整个大陆, 6, 8-9, 10; destruction of villages, forms of sustenance, 摧毁村庄、生计/谋生方式, 34, 55, 117, 152; dispossession of Aboriginal people, 对原住民的驱逐, 10, 34, 83, 110, 114-115, 173, 186, 194, 198, 202, 203, 229
Fullagar, Richard, 理查德·鲁拉格, 30
Fyans, Foster, 福斯德·法恩斯, 71, 207

Gaia theory, 盖亚理论, 225
Gammage, Bill, 比尔·甘米奇, 14, 42, 108, 162, 172, 173, 182, 193
  The Greatest Estate on Earth,《地球上最大的庄园》, 24, 174
Garnaut, Ross, 罗斯·加诺特, 53
Gebber, Jemmy, 杰米·格伯, 221, **222**, 223
Gebhardt, Peter, 彼得·格布哈特, 101
Genoa (Vic.), 热那亚（维多利亚州）167
Gerritsen, Rupert, 鲁珀特·格里特森, 13, 38-39, 57, 76, 113-

114，117，147，154，162，169，226

Australia and the Origins of Agriculture，《澳大利亚与农业的起源》，82，81，86-87

Giles, Ernest, 欧内斯特·吉尔斯，34，47，108，131，148

Gilmore, Mary, 玛丽·吉尔莫，35，88，89，104，167

Gippsland (Vic.), 吉普斯兰（维多利亚州），167，168，169，**170**

 settlement in, 在～定居，221-223；and violence，～与暴力，222，223

Gott, Beth, 贝斯·戈特博士，22，24，27，162，163，171-2，176

Goyder, George, 乔治·戈伊德，102-3，116

Grampians, the, 格兰扁，20

Gregory (explorer), 格雷戈里（探险家），38，162

Grey, George, 乔治·格雷，16-18，106

Grigg, Gordon, 戈登·格里格，63-64

Gulaga Mountain (NSW), 古拉加山（新南威尔士州），187-8，189

Gulf of Carpentaria (Qld), 卡彭塔利亚湾（昆士兰州），46，89，**90**，118-119

Gurandgi Munji, 古兰迪·蒙吉食品集团，214

Gwydir River, 圭迪尔河，108

Hamilton, Peter, 彼得·汉密尔顿，136，142

Hamm, Treanna, 特雷纳·汉姆，123

Hammond, Jesse, 杰西·哈蒙德，69-70

Harney, Bill, 比尔·哈尼，55

Harrison, Uncle Max, 马克斯·哈里森大叔，70

High Cliffy Island (WA), 高崖岛（西澳大利亚州），130

Hiscock, Peter, 彼得·希斯科克，193，196

Hoddle, Robert, 罗伯特·霍德尔，175

Holt (station owner), 霍尔特（牧场主），50

Hope, Jeanette, 珍妮特·霍普，75，162

Hopkins River, 霍普金斯河，41

Horne, Donald, 唐纳德·霍恩, 227
Howard, John, 约翰·霍华德, 80
Howitt, Alfred, 阿尔弗雷德·霍伊特, 42, 54, 103, 148
　　employs Aboriginal people, 雇用原住民, 178-179
Howitt, William, 威廉·霍伊特, 26
Hubbe, S.G., S.G.哈勃, 47
Hume, Hamilton, 汉密尔顿·休姆, 31, 70
Hunter, John, 约翰·亨特 20
Hunter-Pillaga region (NSW), 亨特-皮拉加地区（新南威尔士州）, 194
　　desecration of grasslands, 对草原的亵渎, 10-11
　　evidence of Aboriginal land management, 原住民土地管理的证据, 25-26
Hutchings, R., R.哈钦斯, 155-156

Illawarra (NSW), 伊拉瓦拉地区（新南威尔士州）, 103
imperialism, 帝国主义, 4-5
Innamincka (SA), 因纳明卡（南澳大利亚州）, 101

Jardine, William, 威廉·贾丁, 151
Jinoor Jack, 杰克·吉努尔, 167
Jones, Jonathon, 乔纳森·琼斯, 36-73
Jones, Rhys, 里斯·琼斯, 62, 166, 192-193
Jorgensen, Jorgen, 约根·约根森, 134
Jung, Karl Emil, 卡尔·埃米尔·荣格, 103

Kakadu, 卡卡杜, 30
Kavanagh, Peter, 彼得·卡瓦纳, 104
Keen, Ian, 伊恩·基恩, 185, 195
Kershaw, A.P., A.P.克肖, 61, 161
Kimber, R.G., R.G.金伯, 29, 45-46

Kimberley, the (WA),金伯利(西澳大利亚州),122,133
  art and culture of,艺术与文化,158-159
King (explorer),金(探险家),54
Kirby, James,詹姆斯·柯比,5,6-7,8-9,10,55-56,68
Kohen, Jim,吉姆·科恩 162,165-166
Kreft (explorer),克雷福特(探险家),56
Kuller Kullup,库勒·库勒普 126,184

Lake Condah (Vic.),康达湖(维多利亚州),52
  aquaculture complex,水产养殖综合体,68,72,83-85,130,184;
    fishing traps,渔栅,77
  communities of,~的社区,103,130; stone houses,石头房屋,
    125,128-129,133
  and World Heritage nomination,~与世界遗产保护项目提名,130
Lake George (NSW),乔治湖(新南威尔士州),61
Lake Killapaninna (SA),基拉帕尼纳湖(南澳大利亚州),57,58
Lake Mungo (NSW),芒戈湖(新南威尔士州),**215**
  geological work at,在~的地质工作,41
La Sale, M.,M.拉萨尔,155-156
La Trobe, Charles,查尔斯·拉筹伯,110
Latz, Peter,彼得·拉茨,54,67
Laura (Qld),劳拉(昆士兰州),160
Lefroy, E.C.,E.C.勒弗罗伊,212
Le Griffon, Heather,希瑟·勒格里菲恩,123,124
  Campfires at the Cross,《十字架边的篝火》,123
Lewis, Mortimer,莫蒂默·路易斯,89
Lindsay, David,戴维·林赛,115,116
Lingard, Joseph,约瑟夫·林加德,117
Lloyd, G.T.,G.T.劳埃德,23
Lourandos, Harry,哈里·卢兰多斯,62,63,87,125

Lovelock, James, 詹姆斯·洛夫洛克, 225

McBryde, Isobel, 伊泽贝尔·麦克布赖德, 190, 191
McConvell, Patrick, 帕特里克·麦克康威尔, 190, 191, 196, 197
McKinlay (explorer), 麦金利（探险家）, 35, 89
McMillan, Andrew, 安德鲁·麦克米伦, 221, **222**
 and deceit, ～与欺骗, 221, 222
 forced labour, murders, 强迫劳动、谋杀, 222, 223
McNiven, I., I.麦克尼文, 132-123, 156, 221
Mallacoota (NSW), 马拉库塔（维多利亚州）, 116-117
Manifold, Peter, 彼得·曼尼福德 128
Markanjankula (ancestral being), 马坎安库拉(祖先)57-58
Marree (SA), 马里（南澳大利亚州）, 134, **135**
Mathews, R.H., R.H.马修斯, 76, 205-206
Melbourne, 墨尔本, 184
Memmott, Paul, 保罗·梅默特, 89, 107, 134, 137, 142
 Gunyah, Goondie and Wurley,《贡亚、古迪和乌尔丽：澳洲的土著农业》, 121, 130, 141
Menzies, Gavin 加文·孟席斯
 1421,《1421》, 155, 218, 219, 220
Mitchell, Thomas, 托马斯·米切尔, 104
 admires Aboriginal houses, 欣赏原住民的房屋, 108, 109, 100; takes liberties, 随意侵占, 109
 and the colonial enterprise, ～与殖民企业 110-111, 112, 113, 114, 203-205; murders, 谋杀, 112, 113, 114
 and demise of Aboriginal Australia, ～与澳大利亚原住民的消亡, 203
 exploration, observations, 探险、观察发现, 14-15, 16, 20, 25, 31, 33-34, 51, 56, 104, 110-111, 114, 203-205, 215; aquaculture, 水产养殖, 68, 88; burying grounds, 墓地, 140, 141, 143; dwellings, villages, 住所、村庄, 103, 104, 108-109, 115, 117, 204; land use,

使用土地，204；use of fire，火的使用，163-164

Three Expeditions …，《东澳大利亚腹地的三次探险》，112

Mitchell River，米切尔河，120

Mollison, Bill，比尔·莫利森，135

Moore, George，乔治·摩尔，56

Moreton Bay (Qld)，莫顿湾（昆士兰州），121

Morieson, John，约翰·莫里森，48, 49, 78, 79, 130, 131

Morwood, Mike，迈克·莫伍德，158

Mount Dispersion (Vic.)，迪斯伯森山（维多利亚州），112, 113

Mount William (Vic.) 威廉山（维多利亚州）

    quarry，采石场，184

    Murray, Hugh，休·默里，68, 83

Murray River and Valley，墨累河及河谷 5, 116

    Aboriginal aquaculture，原住民的水产养殖，6-7, 69, 94

    diversification in，～的多样化，197

    village site，村庄遗址，41

Mutton Fish (Cruse et al.)，《鲍鱼》（克鲁斯等著），91, 205-206

Nazis, the，纳粹，221

New England (NSW)，新英格兰（新南威尔士州），35

Norman, Sue，苏·诺曼，205

North America: First Nations people，北美：原住民，132

    development of clam 'gardens'，蛤蜊园的发展，81-82; and archaeological authorities，～与考古部门，82

    fish-trapping systems of，～的渔栅系统，81

Northern Territory 北领地

    Aboriginal dams observed，观察发现的原住民的堤坝，50

O'Connor, Sue，苏·奥康纳，60

Oddie, Neville，内维尔·奥迪，138

Officer, G., G・奥菲瑟, 154
Ooldea (SA), 乌尔迪（南澳大利亚州）, 47
Orton, Joseph, 约瑟夫・奥顿, 68
Ostrom, Elinor, 埃莉诺・奥斯特罗姆, 172-173
Oxley, John, 约翰・奥克斯利, 121

Page, Edward, 爱德华・佩奇, 20, 21
Parker, Kate Langloh, 凯特・兰洛・帕克, 35
Pascoe, Bruce 帕斯卡・布鲁斯
    Bloke,《老兄》, 140
    Convincing Ground,《取信之地》, 1
    and holiday with 'experts', 与"专家"共度的假期, 156-157, 158, 160
    possum-skin design, 袋貂皮图案设计, **124**
Pascoe family, 帕斯卡家族, 95, 160
Peisley, Annette, 安妮特・皮兹利, 213
Pelletier (sailor), 佩尔蒂埃（水手）, 95
Perry, Michael, 迈克尔・佩里, 101
Phillip, Arthur, 亚瑟・菲利普, 164
Pike, Jimmy, 吉米・派克, 136
Pizzaro, Francisco, 弗朗西斯科・皮扎罗, 219
Pope, Alan, 艾伦・波普, 115
Purumbete area (Vic.), 普鲁贝特（维多利亚州）, 70
Pye, Jane, 简・派, 138

Reed family, 里德家族, 223
Reuther, Johannes, 约翰内斯・鲁瑟, 57
Rhodes, Cecil, 塞西尔・罗兹, 132
Robinson, George Augustus, 乔治・奥古斯都・罗宾逊, 51, 71, 154
    as Aboriginal Protector, 担任原住民监护人, 9, 19, 21, **127**, 129
Rogers, J.C., J.C.罗杰斯, 165

Rolls, Eric, 埃里克·罗尔斯, 61, 65
　　A Million Wild Acres,《百万英亩的荒野》, 10-11, 25, 194
Rose, Frederick 弗雷德里克·罗斯
　　The Traditional Mode of Production of the Australian Aborigines,《澳洲原住民的传统生产方式》, 85-86
Ross, Peter, 彼得·罗斯, 62
Rottnest Island (WA), 罗托尼斯特岛（西澳大利亚州）, 93-94
Russell, Lynne, 琳恩·拉塞尔, 130, 132-133, 156, 221

Saunders, Alan, 艾伦·桑德斯, 105
Scott, G.F. G. F. 斯科特
　　The Last Lemurian,《最后的利莫里亚人》, 224
Sellers, Henry 亨利·塞勒斯
　　Aboriginal friends, 原住民朋友, 223
Sievwright, Charles, 查尔斯·希夫莱特, 20-21, 114
Simpson Desert, 辛普森沙漠, 152
Singh, Gurdip, 古尔迪普·辛格, 61, 161
Smith, Linda Tuwahi, 琳达·图瓦希·史密斯, 4
Smith, Walter, 沃尔特·史密斯, 29, 45, 55, 136
South Africa, 南非, 132
Stanner, Bill, 比尔·斯坦纳, 180, 200-201
Steadman, Brad, 布拉德·斯特德曼, 73, 75
Stewart, Liddy, 利蒂·斯图亚特, 205
Stokes, John Lort, 约翰·洛特·斯托克斯 172
Strathbogie Ranges (Vic.), 史庄伯吉山脉（维多利亚州）, 52
Strzelecki Desert, 斯特泽莱基沙漠, 54, 89
Stuart, John McDouall, 约翰·麦克道尔·斯图亚特, 71, 116
Sturt, Charles, 查尔斯·斯特尔特, 104, 115
　　on Aboriginal people, 关于原住民, 201-203; admiration for, 对～的赞赏, 100, 101

expeditions，远征，15，31，32，33，47-48，70，86，89，98-99，101，103，106-107，148；party of，～的队伍，32，33

hospitality of Aboriginal clan，原住民部落的待客之道，99-100，211-212，214-215

Sturt，Evelyn，伊夫林·斯特尔特，102

Swan Hill area（Vic.），天鹅山（维多利亚州）56，57，69

Sydney region，悉尼地区，20，24

Tasmania 塔斯马尼亚
 Aboriginal people：similarity to mainland peoples，原住民：和大陆人相似，197
  water carriers，水路运输，146
  west coast，西海岸，120，134，135

Tennant Creek（NT），滕南特克里克（北领地），119

Ten Canoes（film），《十条独木舟》（电影），89

Thomas，William，威廉·托马斯，80，114，117-118，126

Thomson，Donald，唐纳德·汤姆森，87，89，121，122，136，142，167

Thozet，Ansthelme，安塞尔姆·托泽，150

Tindale，Norman，诺曼·廷代尔，28，29，42，46，58-59，60

Todd，Andrew，安德鲁·托德，18

Tonkin，Daryl，达里尔·唐金，171

Torres Strait Islands（Qld），托雷斯海峡岛（昆士兰州），94，119

Tuckfield，Francis，弗朗西斯·塔克菲尔德，185-186

Turner，Fred 弗雷德·特纳
 Australian Grasses，《澳大利亚的禾草》，43

Tyrendarra（Vic.），泰伦达拉（维多利亚州），128

Veth，Peter，彼得·韦斯，159

Victoria 维多利亚州
 bushfires of 2009，2009年森林大火，161，163

索引 273

settlement in，定居于～，5-6，7，8，9，20，23，34，68，78，80，164

yam pastures，薯蓣园，11，**18**

see also Gippsland；Western District 另见吉普斯兰；西区

Vines，Gary，加里·维恩斯，75

Wakefield，Norman，诺曼·韦克菲尔德，165

Walgett（NSW），沃尔格特（新南威尔士州），138，**139**

Walsh，Michael，迈克尔·沃尔什，178

Warburton Creek（NT），沃伯顿河（北领地），89

Warburton River，沃伯顿河，184

Ward，Peter，彼得·沃德，225

Warrnambool（Vic.），瓦南布尔（维多利亚州），41，61

Waugh，D.L.，D.L.·沃夫 2，12

Wesson，Sue 苏·韦森

   An Historical Atlas of the Aborigines …，《维多利亚东部和新南威尔士远东南部原住民的历史地图集》，80-81

Westaway，Michael，迈克尔·韦斯特威，106

Western Australia 西澳大利亚州

   exploration，探险，16-18

   north-west goldfields，西北金矿地区，49

Western Desert，西部沙漠，136

Western District（Vic.），西区（维多利亚州），77

   Aboriginal aquaculture in：fisheries in，原住民在～的水产养殖：渔业，79，83，（destruction of），（～遭到破坏），79-80；fish traps，渔栅，77-79；and stocks，～与储存，79

   marsupial trackways in，有袋类动物在～的足迹，79

   heritage destruction，遗迹遭到破坏，80

   settlement in，定居于～，78，80，117；as occupation of Aboriginal land，～作为原住民土地被占领，114

White，Neville，内维尔·怀特，191

White, Peter, 彼得·怀特, 12
Williams, Elizabeth, 伊丽莎白·威廉姆斯, 117-18
Williams, Judith, 朱迪斯·威廉姆斯, 81, 82, 84
Wright, Barry, 巴里·赖特, 74
Wurm, Penny, 佩尼·武尔姆, 44, 45

Yengoyan, Aram, 亚兰·延戈扬, 178
You Yangs (Vic.), 尤杨斯山（维多利亚州）, 134
Yow.e.ge (Elder), 尤伊戈（头领）, 21
Yutaka Kobayashi, 小林丰, 215

Zhu Di, 明成祖朱棣, 218, 219
Zohary (researcher), 佐哈里（研究员）, 39

译后记

在去澳洲之前,和大部分人一样,我知道和美洲大陆一样,原住民(土著人)曾经在澳洲的土地上活动。我知道欧洲人为了在新大陆上殖民,对这里的原住民进行了惨无人道的屠杀和迫害。但是关于澳洲原住民的故事却远远不如印第安人的多。与之相关的中文资料就更少了。在了解了一些关于澳大利亚原住民的文化之后,我发现这是一个充满幻想、五彩斑斓的文化的世界。它并不比我们想象的落后,反而和其他大陆上的文明一样,有着属于自己的农业、建筑、信仰,等等。我认为澳大利亚原住民的文明不应该埋没在历史长河之中,了解他们能够让我们看到一个全新的、不同于现貌的澳洲。

在澳大利亚,每一场演讲、活动开场之前,都会有一个叫作"致谢吾国"(Acknowledgement of the Country)的环节,在短短的一分钟内,人们会表达对这片土地的拥有者(过去生活在这里的部落)的感谢以及尊重,并声明自己只是在使用这片土地,原住民才是土地的拥有者。在澳大利亚人（白人）看来，这是对自己过去所做的暴行的一种救赎，他们希望用这种形式的声明重新挽回白人在原住民眼中的形象。

开始对澳大利亚原住民感兴趣是源自一场在黄金海岸的海滩上进行的烟花表演。按照规矩，在表演开始前的致辞中仍然有"致谢吾国"，紧接着就是一段原住民的舞蹈表演。那段舞蹈具体是什么样子的我已经记不清了。我只隐约地记得和其他原始舞蹈一样，是关于丰收、收获的舞蹈。男人和女人们拿着各种各样的工具——有长棍，有镰刀，有长矛——不停地挥舞，仿佛要将我们带入到他们的世界中去。原先我只是对这个陌生的文明感到些许好奇，想知道他们到底是怎样的民族；想知道在欧洲人到达澳洲大陆之前，这片未知土地到底是什么样子的。在观看了这场表演之后，他们神秘而又朴实的舞蹈彻底激发了我的好奇心，于是我向我的一位原住民老师请教，希望他能够推荐一些介绍澳洲原住民的书籍，最好是给那些对原住民一无所知的人看的简介类的书籍。他是一位非常有个性的老师，梳着一头大脏辫，有着和白人完全不同的棕红色皮肤，同时也是一位"骑士"（摩托车骑手）。他教授一些与原住民相关的课程以及有关社会正义、社会公正相关的课程。他也是一位非常认真负责的老师，他曾经在一次前往中国大学的交流授课中，专门为了这次授课对包括留守儿童等在内中国的社会问题做了一些研究并展开讨论。

他给我推荐了一系列的书籍，其中就包括了帕斯科先生的系列书籍。在浏览了一些简介之后，我选择《黑暗鸸鹋》作为我开始了解澳大利亚原住民的窗口。在阅读这本书的过程中，给我带来最大震撼的是澳大利亚原住民发达的农业和建筑水平。根据帕斯科的描述，原住民们在澳洲大陆上从事的农业活动丝毫不比同时期的欧洲落后。他们不仅会种植农作物，还学会了利用工具将收获的作物制成面粉等食材以供保存。当然，最令人感到不可思议的当属他们的建筑和对大自然的了解。

　　按照欧洲人的说法，居住在澳洲的土著人是"野蛮人"。在我们原来的印象里，野蛮人，或者原始部落，都居住在简陋的草棚里。用木棍支棱起一个框架，再简单地盖上草皮或者树叶——这就是他们的家了。野蛮人的村落中也不会有明确的功能分布，他们智力低下，所做的一切都是为了生存，并不会考虑到社会的发展或心灵的慰藉。但是这些东西在澳大利亚原住民社会中非常常见。他们的建筑都是精心设计过的，功能分布明确，使用的材料也能够应对各种可能出现的气候。很明显这和"野蛮人"的形象完全不符，他们是一个个有组织有规划的部落。那么，欧洲人为什么要用"野蛮人"来形容他们呢？我想在阅读完整本书之后我们将会得到一幅清晰的画面，因为这和他们来到澳洲的目的密不可分。

　　说起澳大利亚，森林大火是不可避免的一个话题。几乎每年澳大利亚都会发生一次森林火灾。2019年的大火甚至威胁到了人类的居住区域,造成了不小的灾害。帕斯科在本书中提到,原住民会定期地、有选择性地焚烧一些灌木丛。而自从欧洲人到来之后,他们却拒绝这样做,最终导致的就是自然平衡的破坏,山火绵延不绝。目前还没有详细的科学证据证明原住民焚烧森林的方法是有效解决森林大火的秘诀,但是他们对于自然的了解,就像已经与这片大陆上的所有生物联系在了一起。他们知道怎样对待环境能实现双赢,甚至在捕鱼的时候与鲸鱼合作,这同样也是一个非常有意思的故事。但是欧洲人的到来却破坏了这种传统。比尔·甘米奇在《地球上最大的庄园》(*The Biggest Estate on the Earth*)中花费了大量的篇幅描述了原住民如何巧妙地利用"火"来管理土地。原住民们花费了成百上千年来了解澳洲独特的生态环境并制定了一套独特的规则,但是欧洲人并不了解这些规则,也不想去学习它们。他们只顾着"改造"土地,妄图使其符合自己的生活和生产习惯。

　　类似的例子数不胜数。欧洲人为了实现他们的殖民目的,偷偷破坏原住民的土地、住房,大肆毁坏他们的财物。然而,殖民活动中最重要的环节是"合理化",即将他们的侵略行为正当化,将之美化成"正义"的行动,可以是所谓的"帮助"原住民摆脱落后的社会,也可以是"正当防卫"。直到最近,澳大利亚人才开始正视这段历史,力图还原这部分被扭曲的历史。

　　帕斯科在书中说:与生俱来的优越感则是他们观察新世界的棱镜。不仅仅是欧洲人对于澳大利亚原住民,对于黑人、黄种人以及其他大陆上的原住民根深蒂固的偏见同样源于欧洲人与生俱来的优越感。在全球化愈演愈烈的今天,也许我们不再会看到大规模的殖民行动,但是不同种族、不同肤色、不同文明之间的交流越来越频繁。在这种交流中,第一步应当是去了解彼此的文化,只有在互相了解、理解的基础上,彼此间的沟通才能够顺畅进行。如果在一开始就以一种高傲的姿态进行谈话,所得到的结果一定是偏离轨道的,且难免陷入种族主义、民族主义的陷阱之中。习惯性地以自己的视角去看待其他文明必然是错误的,前往澳洲殖民的白人为此付出了惨痛的代价,仅仅在最初的几年里,他们就把这地球上最大的庄园弄得满目疮痍。

最后,在本书的翻译过程中遇到了许多困难,尤其是在澳洲大陆特有的一些植物以及原住民的神话故事方面遇到了不小的困难。非常感谢董宏乐博士和曹珍芬女士对译稿的校订和编辑工作,在他们搜寻了大量参考资料并与一些澳大利亚本土学者讨论之后,终于完成了整部书的翻译。

徐　未
2021 年 8 月

图书在版编目(CIP)数据

黑暗鸸鹋:澳大利亚原住民及农业的起源/(澳)布鲁斯·帕斯科著;徐未译.
—上海:复旦大学出版社,2021.9
书名原文: Dark Emu: Aboriginal Australia and the Birth of Agriculture
ISBN 978-7-309-15726-0

Ⅰ.①黑… Ⅱ.①布…②徐… Ⅲ.①居民生活-史料-澳大利亚 Ⅳ.①K611.06

中国版本图书馆CIP数据核字(2021)第110933号

DARK EMU: Aboriginal Australia and the Birth of Agriculture by Bruce Pascoe
First published in English by Scribe Publications in 2018.
Text copyright © Bruce Pascoe 2018
Photographs and images copyright © individual owners
This edition published by arrangement with Scribe Publications in association with The Grayhawk Agency.

上海市版权局著作权合同登记号:图字09-2021-0565

黑暗鸸鹋:澳大利亚原住民及农业的起源
(澳)布鲁斯·帕斯科 著　徐 未 译
责任编辑/曹珍芬

复旦大学出版社有限公司出版发行
上海市国权路579号　邮编:200433
网址:fupnet@fudanpress.com　http://www.fudanpress.com
门市零售:86-21-65102580　团体订购:86-21-65104505
出版部电话:86-21-65642845
上海四维数字图文有限公司

开本 890×1240　1/32　印张9　字数171千
2021年9月第1版第1次印刷

ISBN 978-7-309-15726-0/K·759
定价:36.00元

如有印装质量问题,请向复旦大学出版社有限公司出版部调换。
版权所有　侵权必究